偉人《いじん》たちの〈あの日　あの時〉

希望《きぼう》を胸《むね》に羽《は》ばたいた人々

矢部美智代《やべみちよ》・著《ちょ》　中釜浩一郎《なかがまこういちろう》・絵《え》

日本教文社

希望《きぼう》の種《たね》を育《はぐく》んで

矢部《やべ》美智代《みちよ》

この本の中には、偉人《いじん》といわれる二十人の人たちの、少年、少女時代、あるいは青年時代が描《えが》かれています。その二十人が、何を後世《こうせい》に残《のこ》していったのかを、現代《げんだい》の私たちがよく知っている、有名な人たちです。

でも、私が、一つ一つのお話の中に書きたかったのは、そのことではありません。

彼《かれ》らが、自分の将来《しょうらい》に、確《たし》かな自信《じしん》など少しもない年代に、子どもとして、また若者としての、切《せつ》なさ、悲《かな》しさ、不安を心にいっぱい持ちながらも、その胸《むね》の底《そこ》には、きらきら光る希望の種を育てていた、ということを、読者のみなさんに伝えたかったのです。

貧《まず》しさの中で、また周囲《しゅうい》の冷《つめ》たい視線《しせん》の中で、孤独感《こどくかん》の中で、あるいは身体《しんたい》のハンディキャップを受け入れながら、彼らは、決して希望を捨《す》てませんでした。

そして、将来《しょうらい》、自分を待っている、限《かぎ》りなく広がる未来《みらい》に向《む》けて、まっすぐに顔を上げ、歩いていったのです。

書きながら、何回も、登場人物《とうじょうじんぶつ》たちに、「がんばって！」と声援《せいえん》を送《おく》りたくなりました。よく考えてみれば、今はもう、彼らの希望《きぼう》がかなえられたことがわかっているので、現代《げんだい》の私が声援を送るのは、とてもおかしなことなのです。

それでも、少年のジェイムズ・バリに、ロートレックに、ベートーベンに、そして少女のココ・シャネルに、「がんばって！　元気に生きていこうね」と、話しかけたくなりました。

彼らが人生の道を歩いていく時、そうであったように、みなさんにも、いつも心の中に、きらきらとする希望の種《たね》を育てていてほしい、と願《ねが》います。

例《たと》えば辛《つら》いことがあった時、どんなに小さくても、その種はきっと勇気《ゆうき》をくれるでしょう。

そしてまた、例えば歩いていく途中《とちゅう》で、分かれ道に出会い、どちらへ進《すす》んだらよいのかわからず、迷《まよ》い、悩《なや》んだ時、その希望の光が、選《えら》ぶ道を教えてくれる、……そう思うからです。

この本の中の少年、少女たちが、みなさんの友だちになることを願っています。

目次《もくじ》

第3章 さびしさを力に変えて

第4章 尊敬《そんけい》する人からのはげまし

第5章 失敗《しっぱい》やまわり道があっても

第1章
ほんとうの勇気《ゆうき》

キング牧師《ぼくし》
上杉謙信《うえすぎけんしん》
高杉晋作《たかすぎしんさく》
新島《にいじま》　襄《じょう》

人種差別《じんしゅさべつ》をなくすため非暴力《ひぼうりょく》で闘《たたか》った牧師《ぼくし》

キング牧師《ぼくし》

――誇《ほこ》りを胸《むね》にふみだした一歩

マーティン・ルーサー・キング

（1929〜1968）

牧師

1月15日、アメリカ・ジョージア州《しゅう》アトランタで生まれる。父はバプティスト教会牧師。1951年ボストン大学神学部《しんがくぶ》大学院入学。1953年結婚《けっこん》。1954年アラバマ州モントゴメリーの教会へ赴任《ふにん》。

1955年バスボイコット事件。1957年南部キリスト教指導者会議《しどうしゃかいぎ》の議長となる。

1963年ワシントンへの行進《こうしん》。

1964年ノーベル平和賞《へいわしょう》受賞。

1968年4月4日テネシー州メンフィスで暗殺《あんさつ》される。

「ねえ、どうして？」

「マーティン、どこへいくの？」

「ジミーと野球《やきゅう》、してくるっ」

母にさけび返すと、六歳《さい》のマーティンはその日も、いつものように、友だちの家まで走っていきました。

ドアの前に立って、ベルを押《お》します。

おっかしいなあ。いつもなら、ジミーは、待っていてすぐ飛《と》びだしてくるのに。

……もう一度、押します。

しばらくして、やっと開《ひら》いたドアの向《む》こうには、ジミーの母親がいました。うしろからジミーの顔がのぞいています。

「うちの子は、もう、きょうから、おまえとは遊《あそ》ばないよ」

「えっ？　どうして？」

「うちの子は白人《はくじん》、おまえは黒人《こくじん》だからね。ジミーは、もう黒人と遊ぶ年では、なくなったんだよ。早くお帰り」

おばさんは、何のこといってるの？　ジミー、どうして黙《だま》っているの？

とまどっているマーティンの前で、ドアがバタンと閉《し》まりました。

ぼくが黒人だから、って？　なぜ？

家に帰り、母の顔を見ると、くやしくて、どうっと涙《なみだ》があふれました。しゃくりあげながら、今のできごとを話します。

「どうして？　ねえ、どうして？」

ときれときれの息子《むすこ》の訴《うった》えをきくと、母はぎゅうっとわが子を抱《だ》きしめました。あたたかい母の胸《むね》。いつもなら、それだけで、どんな悲《かな》しさもなくなってしまうのに、きょうは、そうなりません。

「黒人って、悪《わる》いこと？　ぼく悪いの？」

「悪くないよ。ちっとも悪くないよ。悪くもないし、劣《おと》ってもいない。だけど、長い長い間の、まちがった考えで、みんなが、そう思っているだけなんだよ」

「……」

「マーティン。くやしくても、ジミーたちを憎《にく》んじゃいけないよ。おまえは、とてもいい子なんだから、憎まれても、憎みかえしてはいけないよ。決して」

六歳のその日、マーティン・ルーサー・キングは、運命の道を歩きだしました。

静《しず》かな抗議《こうぎ》

十五歳、アトランタ。

高校の弁論《べんろん》大会で優勝《ゆうしょう》した帰り、マーティンは、意気揚々《いきようよう》と、教師《きょうし》と二人でバスに乗《の》りこみ、空《あ》いていた席《せき》に座《すわ》りました。そのとたん、運転手の声がしました。

「おいっ、さっさとどけよ。おまえたちを座らせる席はないんだよ」

はじかれたように立ちあがったマーティンに、運転手が、どなります。

「バスに乗《の》せてもらえるだけでも、ありがたいと思うんだなっ」

こぶしを握《にぎ》りしめるマーティンの肩《かた》を、教師《きょうし》がおさえ、ささやきました。

「マーティン、がまんして。きょうは、あなたが、すばらしいスピーチで優勝《ゆうしょう》した、すてきな日なのよ。だから……」

「わかってます、先生」

二人がバスの後部《こうぶ》に移動《いどう》すると、後から乗ってきた白人の乗客《じょうきゃく》が、席に座りました。

……こんなこと、しょっちゅうだ。それでも、憎《にく》んじゃいけないんだ。でも、でも、ずっとこのまま、がまんをしていなくちゃいけないの？　いつまでも？

二十六歳、モントゴメリー。

赴任《ふにん》一年の若《わか》い牧師《ぼくし》、マーティン・ルーサー・キングは、知らせを受けます。

『バスで、一人の女性《じょせい》が逮捕《たいほ》された』

理由は、十一年前の自分と同じ。ただ、その女性は、一日の労働《ろうどう》でへとへとに疲《つか》れきっていたので、席《せき》を立たなかっただけ。それで、逮捕。それだけで、罪《つみ》。

興奮《こうふん》した町の黒人解放運動《こくじんかいほううんどう》の活動家たちが、次つぎと教会に集まってきます。

間違《まちが》っている。こんな差別《さべつ》は、絶対《ぜったい》に間違っている。でも……暴力《ぼうりょく》はいけない。

〝団結《だんけつ》して、バスにもう乗《の》らないようにしよう〟

夜の間に、マーティンの考えは、町中をめぐります。

次の朝、マーティンの妻《つま》は、窓《まど》の外を見つめながら、夫に叫《さけ》びました。

「バス、誰《だれ》も乗っていないわ！」

いつもなら、黒人労働者《ろうどうしゃ》でいっぱいのはずの時間帯《たい》。無人《むじん》のバスが通りを走っていきまし

た。何台も、何台も。何日も何ヵ月も。こうして町の黒人たちは、三百八十一日の間、職場《しょくば》までの道のりを、誇《ほこ》りを胸《むね》に、歩きつづけました。そして……。

『合衆国最高裁判所《がっしゅうこくさいこうさいばんしょ》は、バス内での人種隔《じんしゅかく》離《り》を規定《きてい》するモントゴメリー市条例《しじょうれい》を違憲《いけん》と確定《かくてい》する』

暴力《ぼうりょく》を使わない抗議《こうぎ》。静《しず》かな闘《たたか》いに、マーティンたちが勝《か》ったのです。

小さな一歩《いっぽ》。これからの多くの、そして大きな犠牲《ぎせい》を覚悟《かくご》しなければならない、でも確《たし》かな一歩が、その時ふみだされたのでした。

武田信玄《たけだしんげん》の好敵手《こうてきしゅ》であった「越後《えちご》の龍《りゅう》」

上杉謙信《うえすぎけんしん》

――人々の心から恐《おそ》れを取り去《さ》るために

林泉寺《りんせんじ》へ

一五三六年の春、越後《えちご》の春日山《かすがやま》城《じょう》です。

「いやだなあ。わたしだけお寺《てら》へいくなんて、いやだなあ」

さっきから、虎千代《とらちよ》（後《のち》の上杉謙信《うえすぎけんしん》）は、庭で、遊《あそ》び相手の弥七郎《やしちろう》を相手に、ぶつぶついっていました。

「だって、みんなと遊べなくなってしまう。戦《いくさ》ごっこができなくなってしまう」

上杉謙信（うえすぎ・けんしん）

（1530〜1578）

武将《ぶしょう》

戦国《せんごく》時代の武将。越後《えちご》、春日山《かすがやま》城《じょう》（現《げん》・新潟《にいがた》県上越《じょうえつ》市）に生まれる。父は、越後の守護代《しゅごだい》、春日山城主長尾《ながお》為景《ためかげ》。幼名《ようみょう》虎千代《とらちよ》。

7歳《さい》のとき、父が他界《たかい》し、林泉寺《りんせんじ》に入り修業《しゅぎょう》。その後元服《げんぷく》し景虎《かげとら》（のち政虎《まさとら》、輝虎《てるとら》、謙信）を名のる。

19歳で兄晴景《はるかげ》と対立《たいりつ》。家督《かとく》をゆずられ春日山城に入る。21歳国主《こくしゅ》となる。22歳越後統一《とういつ》。

26歳川中島《かわなかじま》で武田信玄《たけだしんげん》と戦《たたか》う。32歳上杉憲政《のりまさ》の養嗣子《ようしし》となり、川中島八幡原《はちまんばら》で信玄と一騎打《いっきう》ちの戦い。

49歳発病《はつびょう》、4日後に死去《しきょ》。林泉寺に埋葬《まいそう》される。

虎千代《とらちよ》と同《おな》い年《どし》、七歳《さい》の弥七郎《やしちろう》は、虎千代をなぐさめる言葉が見つからず、困《こま》ってもじもじしています。

そんな二人を見かけた、虎千代の守役《もりやく》である金津新兵衛《かなづしんべえ》は、さっそく虎千代の父、城主《じょうしゅ》の長尾為景《ながおためかげ》のところへいきました。

「お館《やかた》さま。どうやら、若君《わかぎみ》は、林泉寺《りんせんじ》へ行かれることを、納得《なっとく》なさっていないご様子《ようす》。賢《かしこ》い若君のこと。きちんと、わかっていただいてからのほうが、よろしいかと……」

「なるほど。いつもながら、虎千代のことを思う、そちの気持ち、ありがたい。では、新兵衛、虎千代をここへ連《つ》れてまいれ」

すぐに、虎千代が、どろんこの顔のまま、座敷《ざしき》にやってきました。

「虎千代。そなたはまだおさない。でも、そろそろ、この世《よ》の中で何が正しく、何が悪《わる》いかを判断《はんだん》するために、学問《がくもん》を始めてもよいのではないかと思うのだ。そこで、先日《せんじつ》、林泉寺の天室光育和尚《てんしつこういくおしょう》と話しあい、そなたの勉学《べんがく》をお願《ねが》いすることになったのだよ」

為景《ためかげ》の説明《せつめい》にも、わんぱく盛《ざか》りの虎千代には、うなずくことができません。

「父上《ちちうえ》。わたしは、お坊《ぼう》さんになりに、林泉寺《りんせんじ》へ行くのですか？　それは、いやです。お坊さんには、なりたくありません。強い武将《ぶしょう》になりたいのです。さっきも、わたしは、河原《かわら》で、弥七郎《やしちろう》の軍《ぐん》に勝《か》ちました」

いかにも、きかん気そうに見上げてくる虎千代《とらちよ》に、為景《ためかげ》は笑《わら》いをこらえて続けました。

「僧《そう》になれ、といっているわけではない。りっぱな武将になるにも、学問は大切なのだ。戦《いくさ》ごっこばかりをしていても、だめだ。さあ、本当に強い武将になるために、明日から林泉寺へ行っておいで」

「本当に強い武将になるため……。わかりました、父上」

今度こそ、虎千代は、しっかりとうなずきました。

こうして、虎千代が林泉寺の光育《こういく》和尚《おしょう》のもとで学ぶことになった年の暮《くれ》、父為景《ためかげ》は、病《やまい》のため、この世《よ》を去《さ》りました。そして、春日山《かすがやま》城《じょう》は、一番上の兄《あに》、晴景《はるかげ》が継《つ》ぎ、虎千代は林泉寺での生活を続けていったのです。

再《ふたた》び春日山城《かすがやまじょう》へ

それから七年がすぎました。光育和尚《こういくおしょう》のもとで学問を続ける十四歳になった虎千代《とらちよ》を、ある日、金津新兵衛《かなづしんべえ》がたずねてきました。

「若君《わかぎみ》、城《しろ》へお戻《もど》り下さいませんか」

「どうして？」

「晴景《はるかげ》さまは、ご病弱《びょうじゃく》。成長《せいちょう》なされた弟君《おとうとぎみ》に、内乱《ないらん》続きの国内をまとめる手助けをお望《のぞ》みなのです」

「いやだ。わたしは、もう戦《いくさ》には興味《きょうみ》はない。このまま、僧《そう》になるつもりだ」

新兵衛が、肩《かた》を落《お》として帰った夜、光育和尚は、虎千代を部屋に呼《よ》びました。

「なぜ、兄君の申《もう》し出《で》を断《こと》わられたのじゃ」

「わたしは、りっぱな僧になりたいのです。和尚さまのような僧になって、人びとの心を救《すく》いたいのです」

「ふ〜む」

光育和尚《こういくおしょう》は、じっと虎千代《とらちよ》を見つめました。

七年前には、この寺《てら》にくることをいやがった、と亡《な》き為景《ためかげ》に聞いたことがありました。その虎千代が……。

愛弟子《まなでし》のまっすぐな目差《まなざ》しに、和尚の胸《むね》がふっと熱《あつ》くなりました。うれしいのです。でも、今は、虎千代を寺に留《とど》める場合ではありません。

「虎千代、よくきくのじゃ。今、この越《えち》後《ご》の国は乱《みだ》れておる。戦《いくさ》が絶《た》えない。こうして内乱《ないらん》が続いている限《かぎ》り、いたずらに、人の命《いのち》が落《お》とされ続けるのじゃ。わ

かるな？」

「……はい」

「むだな争《あらそ》いをなくすには、どうしたらいいと思う。それには、知力と勇気《ゆうき》の両方を兼備《かねそな》えた人物が、国をまとめなければならない」

「……」

「それは、そなたじゃ」

「えっ？　わたしが？」

虎千代は、びっくりしました。

「そうじゃ。晴景《はるかげ》さまは、残念《ざんねん》ながら、そのどちらも備《そな》えておられない。七年間、そなたを見てきたわたしには、よくわかる。そなたは、必《かなら》ず近いうちに、この越後《えちご》の国をまとめるために、必要《ひつよう》とされる」

和尚《おしょう》さまは、そんなふうに、わたしのことを……。

虎千代《とらちよ》も、また、胸《むね》を熱《あつ》くしていました。

「虎千代、城《しろ》へ帰りなさい。越後の人びとのために、そなたの力を惜《お》しんではいけない。少しでも早く戦《いくさ》をやめさせ、命《いのち》を落《お》とす恐《おそ》れを人びとから取り去ることも、人の心を救《すく》うことになるのじゃよ」

「……わかりました。城へ戻《もど》ります」

別《わか》れの日、光育和尚《こういくおしょう》は、虎千代に、小さな毘沙門天像《びしゃもんてんぞう》を与《あた》えました。

北方の守護神《しゅごしん》である毘沙門天は、この時から、虎千代の守り神《がみ》となり、後《のち》に、「毘《び》」の一字を染《そ》めぬいた大旗は、上杉謙信軍《うえすぎけんしんぐん》の象徴《しょうちょう》となるのです。

明治維新《めいじいしん》の志士《しし》

高杉晋作《たかすぎしんさく》

――「誰《だれ》もが住《す》みよい国をつくりたい」

高杉晋作（たかすぎ・しんさく）

（1839〜1867）

維新《いしん》の志士《しし》

長州《ちょうしゅう》（現・山口県）萩《はぎ》の菊屋横丁《きくやよこちょう》に生まれる。父は毛利家《もうりけ》の重臣《じゅうしん》高杉小忠太《こちゅうた》。19歳松下村塾《さいしょうかそんじゅく》に入門。

20歳江戸《えど》へ行く。21歳帰国《きこく》。吉田松陰処刑《よしだしょういんしょけい》される。

23歳藩主《はんしゅ》より海外視察《しさつ》の許可《きょか》を受け、上海《シャンハイ》へ。

24歳久坂玄瑞《くさかげんずい》らと江戸御殿山《ごてんやま》の英国公使館《えいこくこうしかん》を焼《や》き打ち。25歳、松陰の遺骨《いこつ》を小塚原《こづかつぱら》より若林《わかばやし》へ改葬《かいそう》。その後、下関防衛《しものせきぼうえい》のため奇兵隊《きへいたい》を編成《へんせい》。26歳、英《えい》・仏《ふつ》・蘭《らん》・米連合艦隊旗艦《べいれんごうかんたいきかん》で講和条約締結《こうわじょうやくていけつ》。28歳海軍総督《かいぐんそうとく》となり幕府軍《ばくふぐん》と戦《たたか》う。結核発病《けつかくはつびょう》。29歳下関にて病没《びょうぼつ》。翌年、明治維新《めいじいしん》。

松下村塾《しょうかそんじゅく》

「高杉《たかすぎ》さんっ、高杉さんっ」

玄関《げんかん》で、さけぶ声がしました。

「山田です。市之允《いちのじょう》ですっ」

居間《いま》で、桂小五郎《かつらこごろう》に手紙を書いていた高杉晋作《しんさく》の胸《むね》が、どきりとしました。

山田市之允は、晋作の師《し》、吉田松陰《よしだしょういん》の実家《じっか》にいる松陰の弟子《でし》の一人です。

先生に、何か、あったのかっ。

いそいで玄関《げんかん》に飛《と》びだしていった晋作《しんさく》の目に、真青《まっさお》な顔でふるえている市之允《いちのじょう》の姿《すがた》が映《うつ》りました。

「高杉《たかすぎ》さんっ。先生が。先生が、亡《な》くなりましたっ」

「なにっ」

その瞬間《しゅんかん》、晋作の足元がぐらりと揺《ゆ》れ、あたりが真暗になりました。そんなことが……。そんなことがあってたまるか。

気がつくと、大声で泣《な》いていました。一八五九年十一月、晋作二十一歳《さい》。人前で声をあげて泣いたのは、生まれて初《はじ》めてのことでした。

一晩中《ひとばんじゅう》、泣き通しながら、晋作は、松陰《しょういん》のことを考えつづけていました。

晋作が、初めて松陰に会ったのは、二年前、十九歳の時でした。親しい友人の久坂玄瑞《くさかげんずい》に誘《さそ》われて、松陰の開く松下村塾《しょうかそんじゅく》を訪ねたのです。

当時、松陰は、幕府《ばくふ》のおきてを破《やぶ》った罪《つみ》で、長州萩《ちょうしゅうはぎ》の野山獄《のやまごく》に投獄《とうごく》され、その後、長州藩《はん》の許《ゆる》しで、松本村の自宅《じたく》に戻《もど》され、松下村塾を開いていました。

藩《はん》学校の明倫館《めいりんかん》での型通りの勉強にあきあきしていた晋作《しんさく》は、玄瑞《げんずい》の言葉に誘《さそ》われて、松本村まで行ったのですが、貧《まず》しい小屋のような塾《じゅく》を見て、正直、がっかりしました。

ところが、その貧しい小屋のえんがわに立つ松陰《しょういん》と目があった時、晋作の心が、びくんと、ふるえたのです。

優《やさ》しさの中に、まっすぐな鋭《するど》さをたたえ、松陰は、庭の晋作を見つめていました。

こんな人に、初《はじ》めて会った……。

「ぜひ、入門させてください」

「いっしょに勉強しましょう」

おだやかな松陰の声が返ってきました。

当時、日本は、長い鎖国《さこく》の末に、諸《しょ》外国から、開国を強要《きょうよう》されていました。

松陰は、門下生たちに語りました。

世界に遅《おく》れてはいけない。広く、世界を知らなければいけない。しかし、いそいで開国を迫《せま》ってくる諸《しょ》外国のいいなりになって、従属《じゅうぞく》するようなことになるのは、最《もっと》もいけない。独立《どくりつ》した国としての誇《ほこ》りをもって、世界に乗りだそう。そして、日本を、誰《だれ》もが住みよい国にしていこう……。

倒幕運動《とうばくうんどう》

そんな松陰《しょういん》の考えは、晋作《しんさく》や玄瑞《げんずい》たち、長州《ちょうしゅう》の若者の心には、ぐいぐいとしみこんでいきました。しかし、幕府《ばくふ》の政策《せいさく》

は、それとは異《こと》なっているように松陰には思えたのです。このままでは日本がだめになる。幕府のすることをとめなくてはならない……。

翌年になると、松下村塾《しょうかそんじゅく》の門下生たちは、次つぎと江戸《えど》へ旅立《たびだ》ちました。まず、玄瑞《げんずい》たち。そして続いて、晋作《しんさく》たち。

でも、そんな長州藩《はん》の動きを警戒《けいかい》した幕府《ばくふ》が、規制《きせい》をきびしくしたので、晋作たちは、何もすることができません。それどころか、

「日本の将来《しょうらい》は、君たちに期待《きたい》する」

そういって晋作たちを送りだした松《しょう》

陰《いん》も、やがて、ふたたび捕《とら》えられ、江戸の伝馬町《てんまちょう》の牢《ろう》に送られてきました。晋作《しんさく》は、それを知ると、はりきりました。

「先生のお役に立つことができる」

一足先《ひとあし》に帰国《きこく》していた玄瑞《げんずい》に頼《たの》んだり、藩《はん》の人びとに借金《しゃっきん》したりして、獄中《ごくちゅう》の松陰《しょういん》のために、お金を集めました。そのおかげで、松陰は、牢《ろう》の中でも、自由に本を読み、手紙を書くことができました。

松陰は、晋作に書きました。

《あと十年たてば、必《かなら》ず時がきます。それまで待つのです。くれぐれも、軽はずみなことをして、私のように捕《とら》えられないように》

会うことはできませんでしたが、晋作は、充実《じゅうじつ》した日をすごしていました。生涯《しょうがい》の師《し》と決めた松陰に尽《つ》くすことができるのですから。

しかし、三ヵ月後、長州藩《ちょうしゅうはん》から晋作に、帰国《きこく》するようにとの命令《めいれい》が出ました。すぐに獄中に知らせると、松陰からは、

《君のおかげで、どんなに助かったことでしょう。本当にありがとう》

と、返事がきました。

その手紙を胸《むね》に、晋作《しんさく》は故郷《こきょう》に向《む》かいました。そして約一ヵ月後、帰国《きこく》した晋作は、獄《ごく》中《ちゅう》の松陰《しょういん》が心配で、すぐに、自分と入れちがいに江戸《えど》へ入った桂小五郎《かつらこごろう》に手紙を書いていたところだったのです。

山田市之允《いちのじょう》の知らせでは、松陰は、晋作が江戸を去《さ》った十日後に、小塚原《こづかっぱら》の刑場《けいじょう》で処刑《しょけい》されていたのです。

あと十日、江戸にいればよかった。脱藩《だっぱん》してでも、先生の最期《さいご》をみとるべきだった……。

一晩《ひとばん》、泣《な》きあかした晋作は、翌朝《よくあさ》、固《かた》い決意を胸にしていました。

先生は、私たちに期待《きたい》する、といってくださった。期待に応《こた》えるんだ。弟子《でし》として、先生のやりかけたことを、必《かなら》ずなしとげよう。

この後、高杉晋作は、長州勢力《ちょうしゅうせいりょく》の中心となり、玄瑞《げんずい》、伊藤俊輔《いとうしゅんすけ》（のちの伊藤博文《ひろぶみ》）、井上聞多《いのうえもんた》、桂小五郎《かつらこごろう》たちと共に、倒幕《とうばく》へとつき進んでいくのです。

同志社大学設立《どうししゃだいがくせつりつ》につくした教育家

新島《にいじま》　襄《じょう》

――「七五三太《しめた》」から「ジョー」への旅立《たびだ》ち

桜《さくら》の枝《えだ》

「しめたっ！　男の子だ」

祖父弁治《そふべんじ》の大声が、安中藩江戸藩邸内《あんなかはんえどはんていない》の新島家《にいじまけ》に響《ひび》きわたりました。待ちに待った長男の誕生《たんじょう》です。

「決めた。名前は、しめた、にする」

「えっ？　しめた、ですか？」

新島　襄（にいじま・じょう）

（1843〜1890）

教育家

1月14日江戸神田《えどかんだ》小川町の安中藩邸《あんなかはんてい》内にて生まれる。

1856年蘭学《らんがく》を学ぶ。1862年洋型帆船快風丸《ようがたはんせんかいふうまる》にて備中《びっちゅう》玉島《たましま》へ出帆《しゅつぱん》。1864年香港《ホンコン》へ。1865年ボストン着《ちゃく》。

1866年洗礼《せんれい》を受けキリスト教徒《きょうと》となる。1870年アーモスト大学卒業《そつぎょう》。神学校《しんがつこう》入学。1872年以後《いご》ヨーロッパ各地巡視《じゅんし》。1874年神学校卒業。日本帰国《きこく》。

1875年同志社《どうししゃ》英学校開設《かいせつ》。京都《きょうと》第二公会（教会）設立《せつりつ》。1877年同志社女学校設立。1888年全国の有力新聞に「同志社大学設立の旨意《しい》」発表。

1890年1月23日急性腹膜炎症《きゅうせいふくまくえんしょう》にて永眠《えいみん》。

父の民治《たみじ》と、母のとみが驚《おどろ》くと、弁治《べんじ》はすました顔で答えました。

「そうだ。七五三太《しめた》、と書く」

「うーん、しめた、ねえ。まあ、いいでしょう。正月のしめ飾《かざ》りのシメにも通じますから、めでたい名前といえば、いえます」

こうして、七五三太（後の新島襄《にいじまじょう》）は、まだ正月のお飾《かざ》りの下がる新島家《にいじまけ》に登場しました。

新島家は、とても信心《しんじん》深い家庭でした。七五三太は、名付親《なづけおや》でもある祖父《そふ》の弁治から、神《かみ》や仏《ほとけ》を信仰《しんこう》し、神社で敬虔《けいけん》に手を合わせる習慣《しゅうかん》を教《おそ》わりました。仏の慈悲《じひ》を学び、命《いのち》の尊《とうと》さを学びました。そうした毎日から、少年七五三太の中に、人間ひとりひとりを大切にする心が芽生《めば》え、育っていきました。

そしてそれは同時に、当時の封建《ほうけん》社会への疑問《ぎもん》の始まりともなったのです。さらに、藩主《はんしゅ》に気に入られて十四歳《さい》でオランダ語を学ぶ機会《きかい》を与《あた》えられ、外国の文化、精神《せいしん》を知るようになると、七五三太の胸《むね》の中の疑問はふくらんでいきました。

……なにか、おかしい。藩《はん》の上役《うわやく》にあんなにぺこぺこする父上《ちちうえ》は、どこか、へんだ。役職《やくしょく》が高いからって、いばる人たちもおかしい。なんだか、へんなことばっかりだ。

ある春の日、七五三太《しめた》は、友人たちと花見にでかけました。うらうらとした日ざしの中を、のんびりと歩いていた、その時、友人の一人が立ち止まりました。

「へえっ、こんなこと、書いてある」

「なんだ、なんだ」

みんなで近寄《ちかよ》っていくと、ひときわ大きな桜《さくら》の木の下に、制札《せいさつ》が立っていました。

『枝《えだ》を折《お》るべからず。折った者は、罰《ばつ》としてその指を切る』

何かが、七五三太の胸《むね》の中で、はじけました。熱《あつ》いものが、こみあげてきました。おかしい。絶対《ぜったい》におかしい。どんなにきれいだって、桜の枝と、人間の指と、どちらが大事なんだ。指を切る、なんて。なんで、こんなことが、許《ゆる》されるんだ……。

次の瞬間《しゅんかん》、七五三太は、腰《こし》の大刀《だいとう》を抜《ぬ》くと、桜の枝に切りかかったのです。

「えいっ、えいっ、えいっ……」

友人たちは、息《いき》をのんで、七五三太のとっさの行動を見つめています。誰《だれ》も、七五三太の

心にあふれた思いには、気づきません。
「行こう」
五本の枝《えだ》を切ると、七五三太《しめた》は、すたすたと、桜《さくら》の木を後にして、歩き去《さ》りました。

船出《ふなで》

一度、心にあふれてしまった封建《ほうけん》社会への疑問《ぎもん》は、消すことができません。七五三太は、藩邸《はんてい》の仕事からぬけ出しては、オランダ語の塾《じゅく》に通いました。そこには、未知《みち》の世界への扉《とびら》が開いていたのです。七五三太は、むさぼるように、ヨーロッパ諸国《しょこく》の知識《ちしき》、文化、思考《しこう》を吸収《きゅうしゅう》していきました。

……ああ、外国へ行きたい。わたしは、この国に、このままいては、いけないんだ。

そんな時、七五三太《しめた》は、オランダ語塾《じゅく》の友人の書斎《しょさい》で、生涯《しょうがい》を決める二冊の書物《しょもつ》に出会い、借《か》りてきました。漢訳《かんやく》の『聖書《せいしょ》』と『ロビンソン・クルーソー物語』です。

聖書は、当時、重大な発禁書《はっきんしょ》でした。読んでいることが幕府《ばくふ》に知られると、家族全員が罪《つみ》に問われることになるのです。それでも、七五三太は、読まずにはいられませんでした。夜中、息《いき》をひそめて読みつづけた聖書で、七五三太はキリスト教を知りました。また、わくわくと読んだ『ロビンソン・クルーソー物語』からは、脱藩《だっぱん》する決心と、その後に予想《よそう》される孤独《こどく》に打《う》ち勝《か》つ勇気《ゆうき》を得《え》たのです。

……もう、前に進むしかない。

翌年《よくねん》、七五三太は、数人の友人と家族にだけ、計画を打明《うちあ》けて、日本脱出《だっしゅつ》を決行《けっこう》します。アメリカ船に乗るために、ひそかに函館《はこだて》に向けて出発する前夜《ぜんや》、祖父《そふ》の弁治《べんじ》は、孫《まご》のために、家族の間に水盃《みずさかずき》をまわしました。

「恐《おそ》れずに、いってこい」

「はい……」

二十一年間の感謝《かんしゃ》と、多くの詫《わ》びをこめ、七五三太《しめた》は、祖父と目を合わせました。

今は、身《み》を置《お》く場所、信仰《しんこう》するものが異《こと》なってしまったけれど、おさない日、人間としての大切なものを教えてくれた祖父との、これが永遠《えいえん》の別《わか》れとなりました。

三ヵ月後、函館《はこだて》から、七五三太を乗せてくれた船の船長は、「しめた」の発音ができずに、七五三太を「ジョー」と呼《よ》びました。

やがて、上海《シャンハイ》を経《へ》て、香港《ホンコン》に上陸《じょうりく》した「ジョー」は、この港町《みなとまち》で、最後《さいご》まで一つだけ持っていた小刀《しょうとう》を売って、『新約聖書』を買います。日本の武士であることを捨《す》てた、本当の瞬《しゅん》間《かん》でした。そして、翌年、アメリカ大陸に第一歩をふみだした日、偶然《ぐうぜん》、ボストンの書店で『ロビンソン・クルーソー物語』の原書を見つけ、購入《こうにゅう》するのです。

十年後、新島襄《にいじまじょう》は、明治維新《めいじいしん》により大きく変化した祖国《そこく》へ、キリスト教伝道《でんどう》のため、帰《き》国《こく》しました。そして、同志社《どうししゃ》英学校、同志社女学校を設立《せつりつ》。さらに同志社大学設立のために、その生涯《しょうがい》を捧《ささ》げたのです。

第2章

熱中《ねっちゅう》するものとの出会い

田中久重《たなかひさしげ》
グレン・ミラー
ブレーズ・パスカル
パブロ・カザルス
植村直己《うえむらなおみ》

東芝《とうしば》の前身《ぜんしん》を作った「からくり儀右衛門《ぎえもん》」

田中久重《たなかひさしげ》

――ひらめきをもとに発明《はつめい》する楽《たの》しさ

すずり箱《ばこ》

筑後川《ちくごがわ》が、ゆったりと流れていきます。

川辺《かわべ》に腰《こし》をおろして、船着場《ふなつきば》をながめながら、九歳《さい》の岩次郎《いわじろう》（後《のち》の田中久重《たなかひさしげ》）は、さっきから胸《むね》をわくわくとはずませていました。

船が着いたっ。もしかしたら、今夜も、長崎からのお客さんが、家に寄《よ》ってくれるかもしれない。そしたら、また父さんにたのんで、いろんな珍《めずら》しい物を、一緒《いっしょ》に見せてもらうんだ。

田中久重（たなか・ひさしげ）

（1799〜1881）

発明家《はつめいか》

9月18日、筑後《ちくご》（現・福岡県《ふくおか》）久留米《くるめ》に生まれる。幼名《ようみょう》岩次郎《いわじろう》。1807年寺子屋《てらこや》へ行く。すずり箱《ばこ》を作る。

1813年織機《おりき》工夫により絵絣《えがすり》発明。1820年「からくり儀右衛門《ぎえもん》」と呼《よ》ばれるようになる。江戸に出る。風砲《ふうほう》（空気銃《じゅう》）を製作《せいさく》。1834年大坂上町《おおさかうえまち》に住《す》み、このころから無尽灯《むじんとう》を製作。1851年万年時計を製作。1855年佐賀藩《さがはん》に出仕《しゅつし》。蒸気船《じょうきせん》の製造に携《たずさ》わる。1864年久留米藩に招《まね》かれる。1873年上京《じょうきょう》。電信機《でんしんき》を製作。1875年銀座《ぎんざ》に田中工場開業。1881年永眠《えいみん》。1882年養子《ようし》の二代目田中久重、田中製作所を設立《せつりつ》。現在《げんざい》の東芝《とうしば》に至《いた》る。

ああ、うれしいな。

岩次郎《いわじろう》の予想通り、その夜、長崎のべっこう職人《しょくにん》が、父さんを訪《たず》ねてきました。岩次郎の父さん、弥右衛門《やえもん》も、高い技術《ぎじゅつ》を持つ久留米《くるめ》のべっこう細工師《ざいくし》だったのです。

「ほうっ。今、あちらでは、こんな細工があるのですか」

細かい金属《きんぞく》細工をじっと見ながら、父さんがつぶやいています。岩次郎も、いっぱしのおとなのような顔をして、みごとな細工を見つめました。

指先の器用《きよう》さ、工夫《くふう》をこらす思考力《しこうりょく》、ひらめき……、そのどれが欠《か》けてもできない、細かい細工です。岩次郎は、いつのまにか、その全てを、父さんから受継《うけつ》ごうとしていました。

さらに、岩次郎には、べっこう細工だけに止《とど》まらない好奇心《こうきしん》がありました。

鎖国《さこく》をしている日本で、唯一《ゆいいつ》の外国との窓口《まどぐち》である長崎。そこからのお客さんが教えてくれる、書籍《しょせき》、ガラス類《るい》、時計の話。なんてすごいんだろう。……岩次郎は、夜のふけるまで、目をかがやかせて、聞き入りました。

そんな夜の次の日は、寺子屋《てらこや》へいっても、気分がぼうっとしています。

「おい、岩ちゃんのすずり箱《ばこ》、かきまわしてやろうぜ」

いたずら好きの男の子たちに、いつのまにか、すずり箱の中を、めちゃくちゃにされてしまいました。

「あっ、このやろう！　よくもやったな」

そんなことが何回か続いたある日、岩次郎《いわじろう》は、いいことを思いつきました。

すずり箱に、特別なカギを細工《さいく》するのです。絶対《ぜったい》に、自分にしか開けることのできない仕組みのカギ。細かい細かい作業を組み合わせて、ついに完成《かんせい》した、岩次郎初《はつ》の発明品は、大成功《せいこう》でした。いたずらっ子たちが、よってたかって開けようとしても、すずり箱のカギは、びくともしません。

「岩ちゃん、まいった。開けてみせてよ」

くやしそうな降参《こうさん》の一言の後で、ゆうゆうと開けてみせる気持ちの良さ。

「すっげえ。岩ちゃん」

この時の快感《かいかん》が、岩次郎の胸《むね》の中の何かをくすぐり、育て、生涯《しょうがい》、まっしぐらに進む道

を示《しめ》すこととなりました。

久留米《くるめ》がすり

すずり箱《ばこ》のカギから、隠《かく》し戸のついた小だんすへ、さらに、からくり人形へと、岩次郎《いわじろう》の工夫《くふう》は進みます。

近所の五穀《ごこく》神社の祭礼《さいれい》で行なわれる、からくり人形の見世物《みせもの》。その細かい仕組みが、岩次郎の興味《きょうみ》をひかないはずがありません。

木を加工《かこう》する技術《ぎじゅつ》、複雑《ふくざつ》な機構《きこう》を思いつく空想力《くうそうりょく》、よりおもしろいものを求《もと》める好奇心《こうきしん》。もう何年も前から、知らず知らずのうちに、父さんから受《う》け継《つ》いでいた全てが、からくり人形に生かされていきます。

岩次郎《いわじろう》は、毎日、夢中《むちゅう》になって、からくり人形製作《せいさく》に取り組みました。

「そんなに熱心《ねっしん》にやるなら、べっこう細工《ざいく》にしろっ」

父さんの小言《こごと》も耳に入りませんでした。

機械《きかい》いじりの好きな若者がいる……。近所で評判《ひょうばん》になっていた岩次郎、長《ちょう》じて久重《ひさしげ》のもとに、ある日、ひとりの女の人が訪《たず》ねてきました。井上伝《いのうえでん》さんです。

伝さんは、久留米《くるめ》がすりの考案者《こうあんしゃ》として、素朴《そぼく》で美《うつく》しい布《ぬの》を織《お》りつづけていました。そして、かすりの白点の部分を、より美しく絵模様《えもよう》に織りあげるには、どう織機《おりき》に工夫《くふう》をしたら良いのかと考えあぐねていた時、久重のうわさを耳にしたのです。

「お願い。こんな模様を織りこみたいの。織機をどうにかしたら、できるかしら」

まだ少年ともいえる、十五歳の久重に、二十五歳の伝さんが、真剣《しんけん》に頼《たの》みこみました。

できるっ！　おれには、できる。

話をきいた瞬間《しゅんかん》、久重には、ひらめくものがありました。

「うん。やってみるよ」

こくりとうなずく久重《ひさしげ》が、あまりにも子どものように見えたのか、伝《でん》さんは、一瞬《いっしゅん》、心もとなさそうな表情《ひょうじょう》を浮《う》かべました。

反対に、久重はわくわくとしていました。もちろん、そう簡単《かんたん》なことではありません。でも、やっかいであればあるほど、工夫《くふう》をこらす楽しみは増《ま》すのです。久重は、織機《おりき》に向《む》かいつづけました。

そして、見事に完成《かんせい》。からくり人形とはまた別の、織機のような生活に密着《みっちゃく》した道具を改良《かいりょう》、発明する喜《よろこ》びが、久重をとらえていました。

もう、子どもでも少年でもありません。田中久重は、ひとりの技術者《ぎじゅつしゃ》でした。すずり箱《ばこ》のカギから始まった久重の才能《さいのう》は、からくり人形、久留米《くるめ》がすり織機を経《へ》て、この後、風砲《ふうほう》（空気銃《じゅう》）、無尽灯《むじんとう》を発明。さらに、五十歳をすぎてから天文学《てんもんがく》、蘭学《らんがく》を学び、和《わ》時計の最高峰《さいこうほう》といわれる万年時計の製作《せいさく》、蒸気船《じょうきせん》の建造《けんぞう》、そして明治《めいじ》時代になると電信機《でんしんき》の製造《せいぞう》へとつながっていくのです。

ジャズ演奏家《えんそうか》・作曲家

グレン・ミラー

――世界中の人々の心を酔《よ》わせた

家族《かぞく》コンボ

ざわざわと、足下の草が風で鳴《な》っています。十歳《さい》のオルトン・グレン・ミラーが、心に浮《う》かぶメロディーを口ずさみながら、草原をぶらぶら歩いていると、

「オルトン、早く帰ってきて、ハーバートをあやしてちょうだいっ」

母《かあ》さんの声が、風に乗ってきこえてきました。

グレンは、「ちっ!」と、一人前に舌《した》うちをして、顔をしかめます。

オルトン・グレン・ミラー

(1904〜1944)

ジャズ演奏家・作曲家

3月1日アメリカ・アイオワ州《しゅう》南西部クラリンダで生まれる。1923年コロラド大学に入学するが落第《らくだい》。プロのミュージシャンになるためニューヨークへ。1930年ごろから様々《さまざま》なバンドの一員《いん》として活躍《かつやく》。1937年グレン・ミラー楽団結成《がくだんけっせい》。人気者となる。『茶色の小瓶《こびん》』『ムーンライト・セレナーデ』等《など》レコーディング。1942年陸軍入隊《りくぐんにゅうたい》。1943年軍楽隊設立《せつりつ》。イギリスで71回演奏《えんそう》。1944年8月少佐《しょうさ》に昇進《しょうしん》。12月15日パリ演奏旅行のため小型機《こがたき》でイギリスを出発。豪雨《ごうう》の中、消息《しょうそく》を絶《た》つ。40歳《さい》。1954年映画《えいが》『グレン・ミラー物語』公開。

「また、オルトンって呼《よ》んでる。それ、大っきらい。ぼくは、グレンなんだから」

なぜか、子どもなりに、自分の呼び名に文句《もんく》のあるグレンでしたけれど、母さんの手伝《てつだ》いをすることは、いやではありません。

走って家に戻《もど》ると、一年前に生まれた弟《おとうと》のハーバートを、あやしはじめました。

なんといっても、母さんは大変なのです。

いくら一所懸命《いっしょけんめい》、いろんな仕事をしても、気が弱くて、うまくかせぐことができない父《とう》さんと、四人の子どもたち。家族に、きちんと食べさせるために、母さんは家事や子どもの世話の他に、よその家でも働《はたら》いていました。干《ほ》し草を積《つ》んだり、乳《ちち》しぼりをしたり。

グレンと、兄さんのディーンを学校に通わせる余裕《よゆう》がないので、勉強は、自分で教えてくれました。ディーンもグレンも、母さんが名づけた「幸《しあわ》せのくぼみ教室」が大好《だいす》き。学校へいけないことなんて、平気でした。

こんなふうにがんばっている一家の、小さな家が、大草原の火事で燃《も》えてしまったのは半年前。今、やっと新しい家で、少し落《お》ち着《つ》いた生活が始まりかけていたのです。

「家族みんなが元気なら、こんな幸福《こうふく》なことはないんだよ。お金なんて、いつかきっと、わたしたちにも、回ってくるさ」

母さんは、いつもそういって、父さんや子どもたちをはげましていました。

父さんは、最近《さいきん》、ユニオン・パシフィック鉄道《てつどう》の工事現場《げんば》で働《はたら》いていました。どうやら、ここの給料《きゅうりょう》は、これまでの仕事より、少しはいいようです。

そんなある夕方、父さんが、くすくす、うれしそうに笑《わら》いながら帰ってきました。何かを、背中《せなか》にかくし持っています。そして、二人の息子《むすこ》の前にくると、ぱっと、それを差《さ》しだしました。

「これは、ディーン。こっちは、グレンだ」

「わあっ、父さん」

「すごいっ、ありがとう」

二人は、差しだされたものに、とびつきました。それは、楽器《がっき》でした。ディーンには、金色に光るラッパの形をしたコルネット。グレンには、丸い胴《どう》をしたマンドリン。

その夜から、ディーンとグレンは、夢中《むちゅう》になって練習を始めました。二人はすぐに、吹《ふ》き方、弾《ひ》き方のコツをのみこみました。

小さな小さなコンボ（ジャズ用の小編成《しょうへんせい》のグループ）。ミラー家楽団《けがくだん》が生まれたのです。母さんは、子ども時代から持っていて、火事でも焼《や》け残《のこ》った古いオルガンを弾きます。父さんは、手で机《つくえ》を打《う》ち、リズムを刻《きざ》みます。妹《いもうと》のアイリーンは歌い、そして部屋のすみのベビー・ベッドからは、ハーバートの元気な泣《な》き声が、参加《さんか》するのでした。

鉄道広場

翌年、一家《いっか》は、草原の家から町へ引《ひ》っ越《こ》しました。グレンもアルバイトを探《さが》し、働《はたら》きはじめました。一方、ミラー家のコンボは、まだ続いています。ディーンは、めきめき腕《うで》をあげ、町のバンドのトランペッターとしても、活躍《かつやく》していました。

そんなディーンを、マンドリンを抱《かか》えたグレンが、うらやましそうに見ていることに、父さんも母さんも、気づきませんでした。

するとある日、グレンが、古ぼけた傷《きず》だらけのラッパを持って、帰ってきたのです。

「まあ、オルトン。それは、なあに？」

「また、オルトンって、いう。母さん、これは、トロンボーンだよ。すごいでしょ」

「どうしたの？」

「取りかえたんだ」

「取りかえた、って……。まあっ、マンドリンと？」

「そうだよ。ぼく、ずっとディーンが、うらやましかったんだ。こういうのが、欲《ほ》しかったんだ」

せっかく父さんが買ってきたマンドリン

を、こんな古いラッパと……。でも、母さんは、グレンの得意《とくい》そうな、輝《かがや》いている目を見ると、にっこりと笑《わら》いました。

「よかったね、オルトン」

初《はじ》めての自分の管楽器《かんがっき》を手にしたこの日、グレンの人生が決まったのかもしれません。

毎日毎日、グレンは夢中《むちゅう》になって、傷《きず》だらけのラッパを吹《ふ》き、大切に磨《みが》きました。もちろん、アルバイトにも精《せい》を出しました。

そしてついに、自分で働《はたら》いたお金で、新しいぴかぴかのトロンボーンを手に入れたのです。

走りだしたグレンの運命は、もう止まりません。アルバイトをしながら、ランチ・アワーには、近くの鉄道《てつどう》の広場へ行き、町の人たちの前で演奏《えんそう》をしました。町のバンドのリーダーに頼《たの》んで、メンバーにしてもらいました。

ミズリー州《しゅう》グラント・シティの小さなバンド。少年トロンボーン奏者《そうしゃ》の、胸《むね》を躍《おど》らせながらの演奏。それが、後《のち》に、アメリカのみならず、世界中を酔《よ》わせたスウィングバンド、グレン・ミラー楽団《がくだん》への小さな、でも、歴史的《れきしてき》な第一歩でした。

数学者、物理《ぶつり》学者《がくしゃ》、そして哲学者《てつがくしゃ》

ブレーズ・パスカル

――十六歳《さい》で「パスカルの定理《ていり》」を発見

ブレーズ・パスカル

（1623〜1662）

数学者・物理学者・哲学者

フランスに生まれる。父エチエンヌは税務管理官《ぜいむかんりかん》で数学者。15歳《さい》メルセンヌ・アカデミーに参加《さんか》。16歳「パスカルの定理《ていり》」を提出《ていしゅつ》。17歳『円錐曲線試論《えんすいきょくせんしろん》』刊行《かんこう》。

19歳のころ計算器の発明を思いつき、22歳で完成《かんせい》。

24歳『真空《しんくう》に関する新実験』刊行。25歳『円錐曲線射影論《しゃえいろん》』刊行。29歳ごろフェルマーと共に確率論《かくりつろん》の基《き》礎《そ》を築《きず》く。31歳『算術《さんじゅつ》三角形論』刊行。33歳『プロヴァンシアル』論争《ろんそう》。36歳病《やまい》が悪化《あっか》。39歳永眠《えいみん》。

没後《ぼつご》発見されたノートが整理され『パンセ』刊行、「人間は考える葦《あし》である」の名言《めいげん》がふくまれる。

父の教育

「お父さま。幾何学《きかがく》って、どんな学問なんですか？　ぼくに教えて下さい」

一六三五年のある日、十二歳《さい》のブレーズ・パスカルが真剣《しんけん》な顔で父エチエンヌを見上げました。

「う〜ん。まだ早いな」

「えっ？　どうしてですか？」

「教えたら、たぶんおまえは、幾何学《きかがく》に夢中《むちゅう》になるだろう。そうしたら、今やっている勉強がつまらなくなって、やめてしまうにちがいない。そうなるといけないからだよ」

「やめません。ラテン語も、ちゃんと続けます。だから、ねえ、いいでしょう?」

「いや、だめだ」

「じゃあ、ぼくが、いくつになったら?」

「そうだな。十五歳になったら、教えてあげよう」

十五歳? まだまだ、ずっと先だ……。

ぷうっとふくれた息子《むすこ》の顔を見て、エチエンヌは、ふっと笑《わら》いました。

もう少し、がまんをするんだ、ブレーズ。私には、わかるんだよ。おまえの思考《しこう》する能《のう》力《りょく》が、語学よりも数学に、ずっと向《む》いていることが。数学を知ったら、おまえは必《かなら》ずのめりこむ。他のことには興味《きょうみ》ももたなくなる。待ちなさい。今に、すばらしい世界が、おまえの前に開けるんだから……。

でも、ブレーズは、あきらめません。毎日毎日、熱心《ねっしん》に父に頼《たの》みこみました。

「ねえ、お父さま。絶対《ぜったい》、ラテン語を、おろそかになんてしませんから」

しかたなく、エチエンヌは、幾何学《きかがく》の、ほんの大まかな意味だけを教えました。

「図形を正確《せいかく》に書いて、図形相互《そうご》の比例《ひれい》を、きちんと明らかにさせる学問だよ」と。

「ふ〜ん、図形か。ありがとう、お父さま」

たったそれだけの答えで、ブレーズが満足《まんぞく》をするはずはありません。でも、父の顔から、これ以上は無理と、あきらめたのです。

……あとは、自分で考えればいいんだ。そうか。図形か。比例か。ふ〜ん。

おとなしくひきさがったブレーズの背中《せなか》をみながら、エチエンヌは、息子《むすこ》の熱心《ねっしん》さが、本当は、とてもうれしかったのです。

私のやり方は、まちがっていなかった。これでよかったんだね、アントワネット……。

エチエンヌは、九年前ブレーズが三歳の時に、妻《つま》アントワネットを失《うしな》っていました。下の娘《むすめ》ジャクリーヌを生んで間もなく、病気で亡《な》くなったのです。それ以後、再婚《さいこん》することもなく、四年前には、三人の子どもたちのことを考えて、故郷《こきょう》クレルモンからパリへ引《ひ》っ越《こ》してきました。

そして、息子《むすこ》ブレーズを、一度も学校に通《かよ》わせることなく、自分で教育をしてきたのです。自《みずか》らが数学者でもあるエチエンヌは、当時の学校教育よりも、自分で教えることを選《えら》び、だからこそ、ブレーズの能力《のうりょく》が、何に向《む》いているか、よくわかっているのです。

ユークリッドの定理《ていり》

それでも、エチエンヌには、ブレーズの能力の大きさまでは、わかっていませんでした。

そして、父に教《おそ》わることをあきらめたブレーズが、その後、こっそりと床石《ゆかいし》の上に炭《すみ》で棒《ぼう》をひき、輪《わ》を描き、たったひとりで幾何学《きかがく》の世界を夢中《むちゅう》になって歩《あゆ》んでいったことを、知りませんでした。

ある日、外から帰ってきたエチエンヌは、ブレーズが、しゃがみこんで、熱心《ねっしん》に何かを書いているのを見つけました。

「ブレーズ、何をしているんだね?」

「あっ、お父さまっ」

ばつが悪《わる》そうに、ブレーズが顔を赤らめました。たった今まで息子《むすこ》が床《ゆか》に書いていた図形を見て、エチエンヌは、はっとしました。

「ブレーズ、これを説明《せつめい》してごらん」

「はい。ぼく、こう思うんです。この棒《ぼう》は……」

説明をきいていくうちに、エチエンヌの驚《おどろ》きは、感動へと変わっていきました。

まだ少年のブレーズが、次第《しだい》に夢中《むちゅう》になって説明していることこそ、紀元

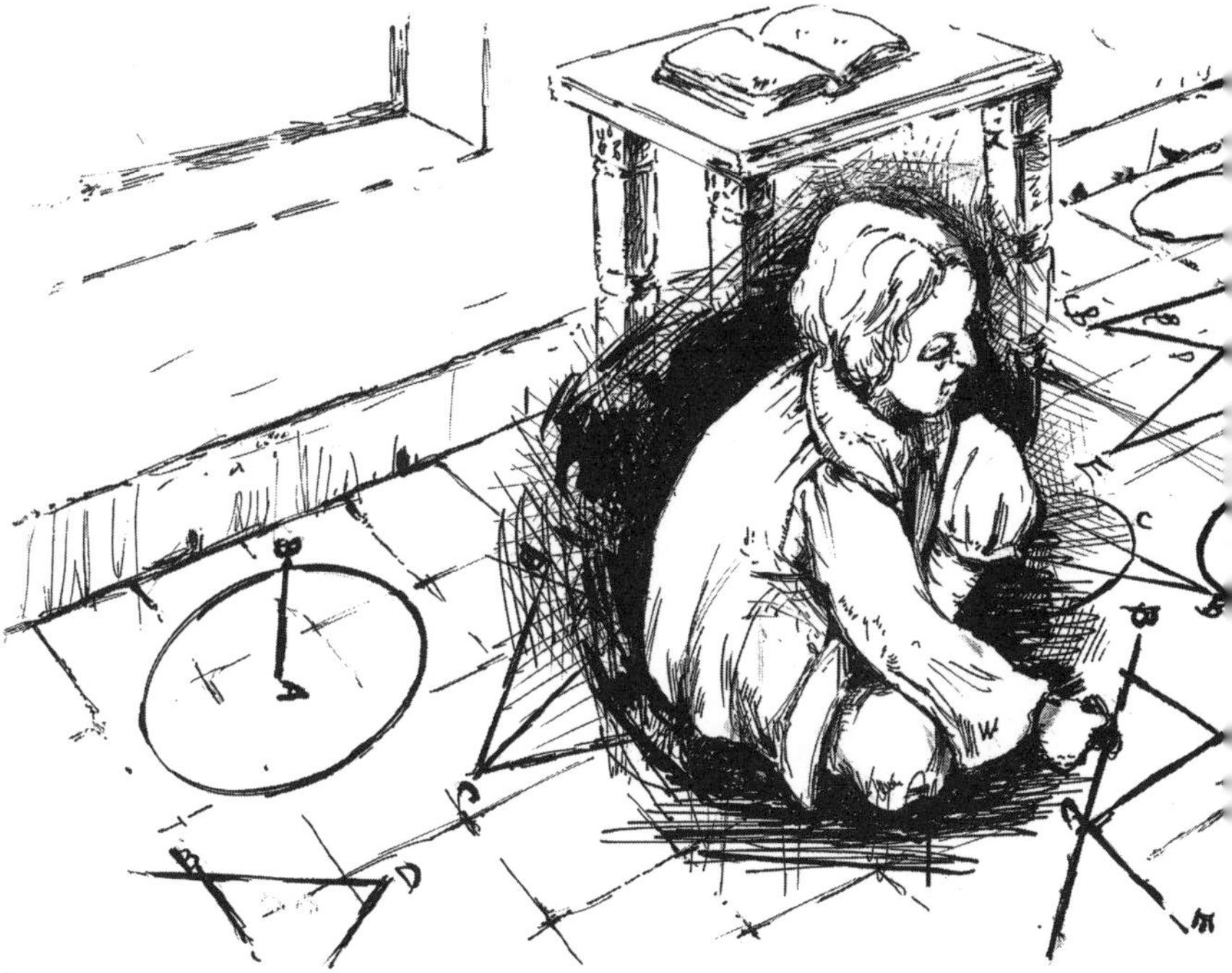

前三〇〇年頃《ごろ》の大学者ユークリッドが発見した定理《ていり》と同じものだったのです。

なんていう子どもだろう。もう、私が、無理に、この子の能力《のうりょく》をおさえることはできない。好《す》きなことを、やらせてやろう……。

エチエンヌは、ブレーズに、ユークリッドの書物《しょもつ》を与《あた》え、ラテン語の勉強のあい間に読むことを許《ゆる》しました。

ブレーズは、大よろこびで本の内容をどんどん吸収《きゅうしゅう》し、たちまち幾何学《きかがく》をマスターしてしまいました。

そこで、エチエンヌは、もう、ブレーズを一人前《いちにんまえ》として扱《あつか》うこととし、学者仲間《なかま》の集まりへ、つれていくことにしました。

ブレーズが十五歳で参加《さんか》したメルセンヌ・アカデミーは、神父《しんぷ》メルセンヌがパリの自宅《じたく》で開いている科学者《かがくしゃ》たちのサロンでした。

当時、フランスでは、文学が文学サロンで語られ発展《はってん》したのと同様、科学研究者のサロンが、科学の進歩《しんぽ》をひっぱっていたのです。

特に、メルセンヌ・アカデミーは、世間《せけん》で「メルセンヌの客間《きゃくま》は、ヨーロッパ中の大学を合わせたより、なお値《ね》うちがある」といわれるほど、レベルの高いものでした。

このサロンの常連《じょうれん》のすぐれた数学者、物理学者《ぶつりがくしゃ》、思想家《しそうか》たちは、友人エチエンヌの早熟《そうじゅく》な天才の息子《むすこ》に敬意《けいい》を払《はら》い、対等《たいとう》に接《せっ》してくれました。そして、ブレーズ・パスカルは、まっしぐらに学問の道をつき進んでいったのです。

カタロニアの生んだチェロの巨匠《きょしょう》

パブロ・カザルス

――母との二人《にん》三脚《きゃく》を経《へ》て

父の愛情《あいじょう》・母の決断《けつだん》

人生が決まる瞬間《しゅんかん》……。パブロ・カザルスにとって、十一歳《さい》のその日が、運命の時だったといえるのかもしれません。

上質《じょうしつ》のワインとなるブドウの香《かお》りが、エル・ベンドレルの町中に漂《ただよ》う秋の日。コンサートでバルセロナから来た室内楽《しつないがく》トリオの奏《かな》でる最初《さいしょ》の音を耳にした瞬間、パブロは息《いき》がつけなくなるくらい、圧倒《あっとう》されてしまったのです。

パブロ・カザルス

(1876〜1973)

チェロ演奏家《えんそうか》

12月29日スペイン、カタロニアのエル・ベンドレルで生まれる。父カルロス、母ピラール。

1888年バルセロナ市立音楽学校入学。1893年マドリード王立《おうりつ》音楽学校入学。

1899年よりヨーロッパ各国《かっこく》、アメリカでの演奏《えんそう》生活。

1920年パウ・カザルス管弦楽団設立《かんげんがくだんせつりつ》。1936年スペイン内乱《ないらん》。1939年フランスへ亡命《ぼうめい》。1950年プラードにて第１回カザルス音楽祭《さい》。1955年プエルトリコへ。

1973年10月22日プエルトリコで永眠《えいみん》。1979年故郷《こきょう》エル・ベンドレルにあらためて埋葬《まいそう》される。

パブロの全身《ぜんしん》を、優《やさ》しく美《うつく》しい音が包《つつ》んでいました。その音は、パブロの心を揺《ゆ》さぶります。身体《からだ》中に光が満《み》ちあふれます。

パブロは、自分を光の中に投げこんだ音の正体をじっと見つめました。……チェロ。それは、生まれて初《はじ》めて見る楽器《がっき》でした。

コンサートからの帰り道、パブロは夢心地《ゆめごこち》でつぶやき続けました。

「ぼく、あれ、弾《ひ》きたい。あれ、弾きたい」

教会の優《すぐ》れたオルガン奏者《そうしゃ》である父のカルロスは、音楽のすばらしさを十分に知っていました。だからこそ、これまでにも貧《まず》しい生活の中で息子《むすこ》が望《のぞ》むままにピアノやヴァイオリンを教えてきました。

そして、今度もまた、なんとかお金の工面《くめん》をすると、小型《こがた》のチェロを買い求《もと》め、基本的《きほんてき》なレッスンを始めました。そしてすぐに、息子の胸《むね》の中の強い思いを知ることになったのです。

……もっとちゃんとチェロを習《なら》いたい。

でも、カルロスは、音楽のすばらしさと同時に、その毒《どく》も身《み》にしみて知っていました。それは、生活の不安定さです。息子に才能《さいのう》があるのはわかる。でも、それと生活は別だ。パブロがこれ以上《いじょう》、チェロにのめりこまないうちに、早く手に職《しょく》をつけさせよう……。

そんな父の考えに、両手を広げるようにして反対したのは、母のピラールでした。貧《まず》しさの中で次つぎと七人の子どもを病気で失《うしな》い、黒い服を着続けるピラールの、ただ一つの希望《きぼう》は、パブロだったのです。

「この子にだけは、望《のぞ》む通りの道を歩《あゆ》ませたいの。バルセロナの市立音楽学校で学ばせるわ。私も一緒《いっしょ》に向《む》こうへ行きます」

ピラールは、夫の考えを押《お》しきり、パブロとバルセロナへ向かいました。すぐに入学試験《しけん》に合格《ごうかく》し、学校で一番若《わか》い生徒《せいと》となったパブロにチェロを教えることになったのは、あの日の奏者《そうしゃ》、ホセ・ガルシアでした。パブロは、またたくまに、腕《うで》を上げました。

パリでのできごと

昼は学校、夜は町のカフェ。バルセロナでパブロの日々は慌《あわただ》しくすぎていきました。生活のために、カフェでチェロを弾《ひ》くアルバイトをしたのです。するとある日、パブロの演奏《えんそう》を耳にしたピアニストであるカフェの客が、スペインの首都《しゅと》マドリードの有力な支援者《しえんしゃ》モルフィ伯爵《はくしゃく》への紹介状《しょうかいじょう》を手渡《てわた》してくれました。

パブロが十六歳になると、母と子は、紹介状を手にマドリードへ向かいます。そして、それからの二年間、パブロは、その才能《さいのう》を愛《あい》され、伯爵《はくしゃく》、さらにはスペインのマリア・クリスティーナ女王からの支援《しえん》にも恵《めぐ》まれました。

このまま順調《じゅんちょう》にいくかと思われたパブロに思いがけない日々が訪《おとず》れたのは、十八歳の秋のことでした。今度は、モルフィ伯爵からの推《すい》せんを得《え》て、弦楽器《げんがっき》ではヨーロッパで一番といわれた、ベルギーのブリュッセル音楽院のチェロのクラスに入ろうとしたのです。

でも、名門校の高慢《こうまん》な教授《きょうじゅ》は、スペインからやってきた青年を軽く見ました。

「スペインの坊《ぼう》や。いったい、どんな曲を弾《ひ》けるのかな？　ひとつ、聴《き》かせてくれるかい？」

試《ため》しに弾《ひ》かせた演奏《えんそう》で、教授《きょうじゅ》がパブロの才能《さいのう》に気づいた時には、誇《ほこ》りを傷《きず》つけられたパブロの心は決まっていました。

「あなたは失礼《しつれい》でした。ぼくを侮辱《ぶじょく》しました。あなたから学びたいとは思いません」

伯爵《はくしゃく》の好意《こうい》を無にした以上《いじょう》、もうマドリードに戻《もど》り、支援《しえん》を受けるわけにはいきません。

そこでパブロは、音楽的環境《かんきょう》を失《うしな》うまいと、母と小さな弟《おとうと》二人と共にパリに住み、場末《ばすえ》のオーケストラのチェロ奏者《そうしゃ》のアルバイトを始めます。でも、それは、家族四人を支《ささ》えるには、あまりにも少ない収入《しゅうにゅう》でした。

ある日、パブロは、母の髪《かみ》が短《みじか》くなっているのに気づきます。母はにっこりしました。

「気にしないのよ。また、のびるわ」

とうとう母が、美《うつく》しく豊《ゆた》かだった髪《かみ》をお金に換《か》えた……。パブロは、長い年月、自分を支えてくれたピラールの笑顔《えがお》を、まっすぐに見つめることができませんでした。

もうこれ以上、甘《あま》えつづけてはいけない。パブロは、母と弟をともない、父の待つ故郷《こきょう》に戻《もど》りました。そして、今度は、単身《たんしん》バルセロナでチェロ奏者として、また教師《きょうし》として再《さい》出発したのです。

世界でもっとも著名《ちょめい》なチェリスト。その長い、華《はな》やかな生涯《しょうがい》の最初《さいしょ》の数ページは、母との二人《にん》三脚《きゃく》と、母からの独立《どくりつ》でした。

六十三歳の時、パブロ・カザルスは、内乱《ないらん》の祖国《そこく》を離《はな》れ、フランスへ亡命《ぼうめい》、やがて、晩年《ばんねん》の家に、母ピラールの生まれたプエルトリコを選びます。そしてカリブ海の太陽の下で、九十六歳の生涯《しょうがい》を閉《と》じたのです。

世界の最高峰《さいこうほう》に登頂《とうちょう》した冒険家《ぼうけんか》

植村直己《うえむらなおみ》

――ひとりで頑張《がんば》ることならば

植村直己（うえむら・なおみ）

（1941〜1984？）

冒険家

2月12日兵庫県《ひょうごけん》に生まれる。高校卒業後《そつぎょうご》、運送《うんそう》会社に勤務《きんむ》。1年後退社《たいしゃ》。1960年明治《めいじ》大学農学部《のうがくぶ》入学。山岳部《さんがくぶ》入部。

1966年から1970年までの間、モンブラン、キリマンジャロ、アコンカグア、エベレスト、マッキンリーの五大陸最高峰完全登頂《さいこうほうかんぜんとうちょう》。1974年結婚《けっこん》。

その後、北極圏《ほっきょくけん》、グリーンランド等単独《たんどく》犬ぞり走破《そうは》。

1984年2月12日世界初《はつ》のマッキンリー厳冬期《げんとうき》単独登頂成功《せいこう》。帰路《きろ》、行方不明《ゆくえふめい》。雪と氷河《ひょうが》の山に消える。

どんぐり、ころころ

「父《とう》さん、兄《にい》さん、ぼく、やはり大学へ行きます。行かせて下さい」

冬、東京から帰省《きせい》すると、植村直己《うえむらなおみ》は、父と兄に頭を下げました。運送《うんそう》会社に就職《しゅうしょく》して、十ヵ月後のことです。

子どもの頃《ころ》から、内気《うちき》で、人と話すのが苦手《にがて》。ひとりで頑張《がんば》ることならできるけれど、他人の中で上手《じょうず》にやっていくことが、極端《きょくたん》に下手《へた》な直己でした。前年《ぜんねん》高校を出る時、進学《しんがく》か就職《しゅうしょく》かと迷《まよ》い、運送《うんそう》会社なら、荷物《にもつ》と車が相手だから、と思ったのが、まちがいだったようです。会社という機構《きこう》の中で、おまけにどこへ行っても人、人、人の大都会《だいとかい》で、直己《なおみ》は、自分の居場所《いばしょ》を見失《みうしな》っていました。

もう一度、やり直してみたい……。

農業をしている父《ちち》と兄《あに》の許《ゆる》しを得《え》た直己は、一年遅《おく》れて、無事《ぶじ》、明治《めいじ》大学農学部《のうがくぶ》に入学することができました。

そして、なにげなく入ったのが山岳部《さんがくぶ》。日本の登山《とざん》を支《ささ》えている伝統《でんとう》のある明大山岳部です。でも、直己はそんなことは知りません。ただ、山登りなら、他人と話をしなくてもいいだろう、ひとりで頑張《がんば》ればいいんだから、というぐらいのつもりで入部したのです。

さっそく、「登山の姿《すがた》をしてこい」といわれ、あわてて上野のアメ屋横丁《やよこちょう》へ走りました。

なにしろ、いなかの近くの山しか登ったことのない直己です。本当の登山道具がどんなものだか、わかりません。何でも安く買うことができるという通称《つうしょう》アメ横《よこ》で、中古《ちゅうこ》の、それらしき品々《しなじな》を買い集め、身につけると、そっと部室のドアを開けました。そのとたん……。

「なんだァ？　そのかっこうは」

どっと起こった笑《わら》い声。

きょとんとする直己《なおみ》の前で、先輩《せんぱい》たちが大笑いをしているのでした。どうやら、直己の買いととのえた服装《ふくそう》、装備品《そうびひん》は、全てが時代遅《おく》れの、野暮《やぼ》ったいものだったようです。

「よく見ろ。他の新入生の装備は、おれたちも感心するほど、機能的《きのうてき》にも優《すぐ》れている。それに比《くら》べて、おまえのじゃあな」

そういわれても、アメ横で、なけなしのお金を使ってしまって、買い替《か》えることなどできません。ぼくだって、精一杯《せいいっぱい》考えて、買ったんだ。なにも、笑わなくたって……。

直己が黙《だま》っていると、一人の先輩が、歌いだしました。

「どんぐり、ころころ……」

また、みんなが、どっと笑いました。

小柄《こがら》で、大きな汚《よご》れたリュックにつぶされそうになっている直己が、ころころとしたどんぐりに、そっくりだったのです。

「おい、どんぐり、こっちへ来い」

こうして、この日から、直己《なおみ》は、風《ふう》変《が》わりなどんぐりとして、口は悪《わる》いけれど、気持ちはさっぱりとしている山《さん》岳部《がくぶ》のメンバーの一員になったのでした。

金色の光

山岳部の新入生歓迎会《かんげいかい》は、毎年五月に、合宿《がっしゅく》という形で、北アルプス白《しろ》馬岳《うまだけ》で行なわれていました。直己の生まれて初《はじ》めての、本格的《ほんかくてき》登山《とざん》です。はりきって参加しました。

ところが……。三十五キロもある装《そう》備《び》を背《せ》に、直己《なおみ》は、一番初めに、ばててしまったのです。

「お～い、どんぐり。ころころ、ころがるなよ。早くここまで登ってこいっ」

「……」

どんどん、みんなに遅《おく》れていきます。ぜいぜいと荒《あら》い息《いき》をしながら、直己は、情《なさ》けなさをかみしめていました。

なんで、ぼくだけこんな、だらしがないんだろう。今まで、自分は、人づきあいは下手でも、ひとりでやることなら人に負けない、と思っていた。それなのに、自分の足で一歩一歩登っていく登山でも、こんなにみんなに遅《おく》れてしまう。くやしい……。自分に負けたくない……。

「おい、どんぐり、大丈夫《だいじょうぶ》か？」

様子を見に、戻《もど》ってきてくれた先輩《せんぱい》の声に、直己《なおみ》は、あわてて、あふれそうになっていたくやし涙《なみだ》をのみこみました。

「……は、はい。大丈夫です」

やっとたどり着いた目的地点で、休む間もなくキャンプ設営《せつえい》。そして、新入生は、テントのすみで、丸くなって眠《ねむ》るのです。

次の朝。

まだ疲《つか》れがとれず、眠《ねむ》い目のままテントの外に出た直己は、あっと、息《いき》をのみました。

ちょうど、太陽が昇《のぼ》ろうとしていました。金色の光が、雲《くも》の間からさしこみ、山の残雪《ざんせつ》を染《そ》めています。

すごい！　こんなすごい景色《けしき》が……。

この瞬間《しゅんかん》、直己《なおみ》の中で、何か……、一生を決める大きな何かが、生まれたのです。

やるぞ。ぼくは、やるぞ……。

そのためには、うん、まずは、体力だ。

東京に帰ると、直己は、すぐに自己流のトレーニングを始めました。この、情《なさ》けない体力を、きたえるんだ。そして、いつか、世界中の金色の光をあびるんだ。自分の足で。

やがて、直己は、世界の五大陸全ての最高峰《さいこうほう》に登頂《とうちょう》します。そのうち、エベレストを除《のぞ》く四つの山は、単独登頂《たんどくとうちょう》。そして、その後の何回もの極地犬《きょくち》ぞり走破《そうは》も、単独旅行。

ひとりで頑張《がんば》ることならば、負けたくない、という子どもの頃《ころ》の気持ちが、ずっと、直己を支《ささ》えつづけていたのかもしれません。

そして、一生をその気持ちに正直に生きた植村直己の心は、今も、あの金色の光に守られ、雪山のどこかで眠《ねむ》っているのです。

第3章

さびしさを力に変えて

ジェイムズ・バリ
ココ・シャネル
堀口大學《ほりぐちだいがく》
ロートレック

名作『ピーター・パン』の作者

ジェイムズ・バリ

——人々に夢《ゆめ》を与《あた》える、永遠《えいえん》の少年の物語

寝室《しんしつ》のドア

「母《かあ》さんは？」

「ベッドの中」

「おきてるの？」

「泣《な》いてた。そっとしておきなさい」

「……うん」

ジェイムズ・マシュー・バリ
（1860〜1937）
作家・劇作家《げきさっか》

5月9日、スコットランドに生まれる。小学校で自作《じさく》の芝居《しばい》を友だちに見せる。中学校で戯曲《ぎきょく》が上演《じょうえん》される。1878年小説《しょうせつ》『自然児《しぜんじ》』。エディンバラ大学入学。

1883年新聞記者となり、その後フリーランス・ジャーナリストとなる。以後、雑誌《ざっし》、単行本《たんこうぼん》、戯曲《ぎきょく》での活躍《かつやく》。1902年ピーター・パンのもととなった『小さな白い鳥』出版《しゅっぱん》。1904年『ピーター・パン』初演《しょえん》。1912年ピーター・パンの像《ぞう》、ケンジントン公園に建立《こんりゅう》。1919年セント・アンドリュース大学総長《そうちょう》となる。1936年『少年ダビデ』初演。遺作《いさく》となる。1937年6月19日死亡《しぼう》。

バリ家《け》の子どもたちの、朝の会話です。

きょうもまた、六歳《さい》のジェイムズ・バリは、小さなため息《いき》をつくと、母《はは》の寝室《しんしつ》のドアをちらりと見て、入ることをあきらめました。

一月のあの寒《さむ》い日、ジェイムズの二番目の兄、十三歳のディヴィドが、スケートをしている時に転《ころ》び、頭《あたま》を強打《きょうだ》、とつぜん死《し》んでしまってから、母は、ほとんどの時間を、ベッドの中ですごしていました。

長身《ちょうしん》でハンサム、頭が良くて、やさしくて、誰《だれ》よりも母親思いだったディヴィド。自慢《じまん》の息子《むすこ》を失《うしな》った悲《かな》しみは、母にとって他にどんなにたくさんの子どもがいても、その穴《あな》をうめることができないほどだったのです。

半病人、というより、もう病人そのものでした。さすがに、姉《あね》たちが、このままではいけない、と思い始めたのは、こうした日々が一月《ひとつき》も続いた後のことでした。

「ジェイムズ、母さんのところへいきなさい。そしてね、この家には、もうひとり、かわいい息子がいるんだって、母さんに思い出させてあげるのよ」

「うん」

ジェイムズは、どきどきしながら、寝室《しんしつ》のドアを開けました。カーテン越《ご》しの光だけのうす暗《ぐら》い部屋。ベッドの上の黒いかげが、もそっと動き、ふるえる声がきこえました。

「おまえなの？」

おまえ……。それが、死《し》んだ兄のことだと、ジェイムズには、わかりました。

「ううん。ぼく。ジェイムズ。ディヴィドじゃないよ。でも、ぼくがいるんだよ、母《かあ》さん」

ジェイムズが答えたとたん、母は、悲鳴《ひめい》のような泣《な》き声をあげ、まくらに顔をしずめてしまったのです。

ジェイムズは、涙《なみだ》をこらえ、そっと寝室を出ると、静《しず》かにドアを閉《し》めました。

永遠《えいえん》の少年

六歳のジェイムズの胸《むね》は、はりさけそうでした。ぼくじゃだめなの？　母さん！　ぼくじゃ、ディヴィドの代わりになれないの？

ジェイムズは、元気だった頃《ころ》の、ディヴィドの姿《すがた》を思い浮《う》かべました。

「あっ、そうだっ」

いそいでディヴィドの友だちの家へいきました。そして、しばらくして家へ戻《もど》ると、服《ふく》を着《き》替《が》え、ふたたび母の寝室《しんしつ》のドアを開けたのです。……どうか、うまくいきますように！

兄《あに》のぶかぶかの服を着たジェイムズは、兄が、よくしていたように、両《りょう》脚《あし》を開き、両手をズボンのポケットにつっこみました。

それから、たった今、ディヴィドの

友だちに教えてもらったばかりの、兄がよく吹《ふ》いていた口笛《くちぶえ》のメロディーを、いきおいよく吹きはじめたのです。……母さん、きいてっ。

ジェイムズの精一杯《せいいっぱい》の演技《えんぎ》。ディヴィドに扮《ふん》したつもりの、あふれる思いの演技。

……しばらくすると、ベッドの上のかげがそっと起きあがりました。そして、小さな息子《むすこ》に、両腕《りょううで》をさしのべたのです。

「おいで、ジェイムズ」

ジェイムズ？　ぼくの名前だっ。

ジェイムズは、母の腕《うで》の中にとびこみました。母さん！　母さん！

その日から、少しずつ、母は明るさを取り戻《もど》していきました。でも、母の胸《むね》の中に、ディヴィドがいつも住《す》みつづけていることは、家中の人が知っていました。

ディヴィドは十三歳。いつまでたっても十三歳。永遠《えいえん》におとなにならない男の子。……ピーター・パンのモチーフの誕生《たんじょう》でした。

たくさんの子どもたちに、また、やさしく接《せっ》するようになった母は、ジェイムズに、よく、自分の子どもの頃《ころ》の話をしてくれました。

八歳で母親を失《うしな》ってから、おさない弟《おとうと》の世話をして、小さな主婦《しゅふ》の役割《やくわり》を果《は》たしていたこと。そうじ、せんたくをして、スコーンを焼《や》いて、それから、普通《ふつう》の少女として外にとび出し、友だちと遊《あそ》んでいたこと。

ジェイムズは、母の話をきくのが大好きでした。ききながら、空想《くうそう》をしました。母さんは、どんな少女だったんだろう。小さな弟《おとうと》の世話《せわ》をするのは、楽しかったのかな。

母の話は、年月を経《へ》て、『ピーター・パン』に出てくる、しっかり者のやさしい少女、ウエンディのモチーフとなるのです。

やがて、文学を一生の仕事として選んだジェイムズは、順調《じゅんちょう》に作家、劇作家《げきさっか》としての道を歩《あゆ》んでいきました。

そして、一八九七年、三十七歳の時、日課《にっか》としていたケンジントン公園の散歩《さんぽ》の途中《とちゅう》、ジェイムズ・バリは、運命的な出会いをするのです。四歳のジョージ、三歳のジャック。少壮弁護士《しょうそうべんごし》アーサー・L・ディヴィズと、美《うつく》しい妻《つま》シルヴィアの子どもたちでした。

ジェイムズは、毎日のように、ふたりの子どもたちと公園を歩きまわり、遊び、ふたりが疲《つか》れると、座《すわ》って妖精《ようせい》の話をきかせました。そのうち、この交際《こうさい》は家族ぐるみとなり、ジェイムズは、次つぎとこの世に登場《とうじょう》し、成長《せいちょう》していく愛《あい》らしいディヴィズ家《け》の五人の少年たちに夢中《むちゅう》になっていきました。

遠い昔、子ども時代に母から得《え》た二つのモチーフと、ディヴィズ家の少年たち。『ピーター・パン』が生まれようとしていました。

世界《せかい》のモード界で活躍《かつやく》したデザイナー

ココ・シャネル

——美《うつく》しい服《ふく》を、夢《ゆめ》のある服を

ガブリエル（ココ）・シャネル

（1883〜1971）

デザイナー

8月19日フランスで生まれる。1895年母病死《びょうし》。オバジーヌの修道院《しゅうどういん》の孤児院《こじいん》に入れられる。1900年ムーランの寄宿《きしゅく》学校で生活。その後、パリへ。

1910年ごろシャネル帽子店《ぼうしてん》開店。1916年カンボン通りにメゾン・シャネルを開き、成功《せいこう》する。パリ社交界《しゃこうかい》でコクトー、ピカソたちと交流。1924年シャネル香水《こうすい》会社設立《せつりつ》。1939年第２次世界大戦《たいせん》開戦。メゾン・シャネルを閉《し》め、リッツホテルで生活。その後スイスへ。1954年カムバック。1971年１月リッツホテルにて永眠《えいみん》。スイス、ローザンヌに埋葬《まいそう》される。

少女ガブリエル

「お父さんっ！」

自分のさけび声で、ガブリエル（後のココ・シャネル）は目を覚《さ》ましました。まくらが、ぬれています。

はっと口をおさえました。……今の声が誰《だれ》にもきこえませんでしたように。……大丈夫《だいじょうぶ》。

左右のベッドからは、すうすうと寝息《ねいき》がもれています。ほっとして、改《あらた》めてガブリエルは胸《むね》の上でてのひらを組みました。

神さま。お父さんが迎《むか》えにきますように。早く、早く、お父さんが迎えにきてくれますように。

十二歳《さい》のガブリエル・シャネルが、姉《あね》のジュリア、妹《いもうと》のアントワネットと共《とも》に、父にこのオバジーヌの聖《せい》マリア修道院《しゅうどういん》につれてこられてから、一週間がたっていました。

病弱だけれどやさしかった母の死《し》、父につれていかれた祖父《そふ》の家、気難《きむずか》しい祖父の顔、とつぜん、見知らぬ人に救済院《きゅうさいいん》につれていかれてしまった小さな弟たちとの別《わか》れ。なにもかもが、めまぐるしくすぎていって、気がつくと、姉や妹と、この修道院にいたのです。

「お父さんは?」

ガブリエルがたずねると、修道女たちは、みんな、迷惑《めいわく》そうに同じ答えをしました。

「さあ。あなたたちをここに入れた後、どこかへいってしまって、連絡《れんらく》もとれないから、わたしたちだって困《こま》っているんです」

わたしたちは、お父さんに、すてられたのよ。……口に出してはいわないけれど、この一週間で姉ジュリアが出した結論《けつろん》は、十分にガブリエルにも伝《つた》わっていました。でも……。

どうして、ジュリアは、こんなことに耐《た》えられるのだろう。平気な顔をして、アントワネットと遊《あそ》んだり、他の子どもたちとも笑《わら》いあったりしている。信《しん》じられない。わたしは、いや。お父さんにすてられたなんて、いや。……そうよ。お父さんは、わたしたちをすてたんじゃない。仕事で、どこか遠い所へ行っているのよ。絶対《ぜったい》に。

次の日から、ガブリエルは、修道院《しゅうどういん》で暮《く》らす他の子どもたちに説明《せつめい》を始めました。

「わたしたちのお父さんはね、大きな仕事をするために、今、遠い所……そう、アメリカへ行ってるの。アメリカって遠いのよ。でも、すごい所なの。だから、今に、お父さんは大金持ちになって、大きい家を建《た》てたら、わたしたちを迎《むか》えにきてくれるの。本当よ」

ジュリアは、妹の話に、何も口をはさみませんでした。ガブリエルは、ほっとして、ますます、自分で作った話の中にのめりこみました。これは、絶対、本当のことなのよ……。

マリア修道院には、家庭のある子どもたちも、月謝《げっしゃ》を払《はら》って預《あず》けられていました。その子たちと、ガブリエルたちとの一番大きな違《ちが》いは、服装《ふくそう》です。きれいな色の私服《しふく》と、暗《くら》い色の、

いつもいつも同じ堅苦《かたくる》しい制服《せいふく》。

こんな服、いや。……ガブリエルは、修《しゅう》道女《どうじょ》たちにしかられない程度《ていど》に、制服に工夫《くふう》をしました。ちょう結《むす》びのネクタイに、白いえりに、袖口《そでぐち》に、スカートの丈《たけ》に。精一杯《せいいっぱい》の自己主張《じこしゅちょう》でした。

ココ

そんなある日、ガブリエルあてに、小包《こづつみ》が届《とど》きました。院長室《いんちょうしつ》で包みを開いたガブリエルは、あっと目を見張《みは》りました。

箱《はこ》の中から出てきたのは、まっ白なドレスだったのです。

柔《やわ》らかなオーガンディの布地《ぬのじ》、たっぷりあるひだ飾《かざ》り、さわるのももったいないようなレースのヴェール、そして絹《きぬ》のくつ下までも。

「まあ、お父さんからですよ。ガブリエルの聖体拝領《せいたいはいりょう》の時に着るように、ですって」

院長の言葉は、じっとドレスを見つめるガブリエルの胸《むね》を激《はげ》しく打《う》ちました。

ああ、やっぱり。お父さんはわたしをすてたんじゃなかった。わたしはお父さんに愛《あい》されているんだ。もう大丈夫《だいじょうぶ》。このドレスさえあれば、わたし、何にでも耐《た》えられる。

実際《じっさい》には、父が一体どうして娘《むすめ》の一人に、一回だけ服を送《おく》ってきたのかもわからず、これが、父からの最後《さいご》の音信《おんしん》になりました。でもガブリエルは、十二歳のこの日、一生心の奥底《おくそこ》を支《ささ》えてくれるものを手にしたのです。

十八歳の時、ガブリエルは、修道院《しゅうどういん》を出てムーランの町の寄宿《きしゅく》学校に入ります。そして、この町で知りあった金持ちの男友達と共に、パリに出ていくのです。男友達は、ガブリエルを、まるで子犬を呼《よ》ぶように、「ココ」と愛称《あいしょう》で呼びました。ココ、ココ……。すっかりその名が気に入ったガブリエルは、生涯《しょうがい》、ココ・シャネルを名乗《なの》ります。そして、いつのまにか、その名前は、ココの心の中で、おさない頃《ころ》、やさしい父が愛する娘を呼んでくれた愛称、ということになっていきました。

パリに出たココは、シャネル帽子店《ぼうし》を皮切《かわき》りに、服飾界《ふくしょくかい》で大成功《だいせいこう》を収《おさ》めます。世界中にココ・シャネルの頭文字《かしら》、二つの「C」があふれるのです。

ココの作る服は、一貫《いっかん》して体の動きの自由さ、しなやかさ、自然さを重視《じゅうし》していました。ココの中に、かつて、堅苦《かたくる》しい制服《せいふく》で包《つつ》まれていたオバジーヌの修道院《しゅうどういん》時代の自分を、解放《かいほう》したい気持ちがあったのかもしれません。

また、晩年《ばんねん》、十四年間の沈黙《ちんもく》を破《やぶ》ってココがカムバックした時、冷《ひ》ややかだったパリに比《くら》べ、熱狂的《ねっきょうてき》にシャネル・ルックを迎《むか》えいれたのが、幻《まぼろし》の父の住んだアメリカだったのも、ココの胸《むね》の奥深く秘《ひ》められていた思いが通じたからなのかもしれません。

天性《てんせい》の詩人《しじん》、歌人《かじん》

堀口大學《ほりぐちだいがく》

――ゆたかな感性《かんせい》を美《うつく》しい日本語に託《たく》して

雪の夜

越後《えちご》（現在の新潟《にいがた》県）長岡。もの心がついた時、堀口大學《ほりぐちだいがく》は、この雪深い城下町《じょうかまち》で暮《く》らしていました。東京で生まれた大學が二歳《さい》の時、外交官《がいこうかん》になりたての父九萬一《くまいち》が、初《はつ》の任地《にんち》である朝鮮《ちょうせん》へ一人で赴任《ふにん》し、祖母《そぼ》、母、一歳下の妹花枝《はなえ》と共に、父の故郷《こきょう》長岡へ引きあげてきたのです。

馴《な》れない土地、父のいない毎日。ただでさえ心細い思いだったはずのおさない身《み》に、さら

堀口大學（ほりぐち・だいがく）

（1892～1981）

詩人・歌人

1月8日東京で生まれる。1894年父朝鮮《ちょうせん》へ赴任《ふにん》。家族は越後《えちご》長岡へ。1895年母他界《たかい》。1909年新潟《にいがた》県立長岡中学校卒業《そつぎょう》。上京。新詩社《しんししゃ》に入社。1910年慶応義塾《けいおうぎじゅく》大学文学部予科《よか》入学。1911年以降《いこう》父の任地《にんち》メキシコ、スペイン、ブラジルへ。1918年、初《はつ》の訳詩集《やくししゅう》『昨日《きのう》の花』出版《しゅっぱん》。1919年詩集『月光《げっこう》とピエロ』、歌集『パンの笛《ふえ》』出版。1925年文化学院大学部教授《きょうじゅ》となる。1928年辞任《じにん》。1957年日本芸術院会員《げいじゅついんかいいん》。国際ペンクラブ大会会長。1958年詩集『夕《ゆうべ》の虹《にじ》』で読売文学賞《よみうりぶんがくしょう》受賞。1970年文化功《こう》労者《ろうしゃ》。1979年文化勲章《くんしょう》受章。1981年3月15日永眠《えいみん》。

に大きなことが起こりました。三歳の秋、母が病気で亡《な》くなったのです。

祖母《そぼ》千代《ちよ》は、かつて、女手《おんなで》一つで二人の子どもを育て、息子《むすこ》を東京帝国《ていこく》大学へ進学《しんがく》、卒《そつ》業《ぎょう》させた気丈《きじょう》な人です。今度は、その息子が赴任《ふにん》先から戻《もど》るまで、孫《まご》二人を守る覚悟《かくご》を決めました。

北国の長い冬の夜、よく千代のもとを、近所の知りあいが訪《たず》ねてきました。こたつを囲《かこ》んでの茶飲《ちゃの》み話が始まります。

寒《さむ》くてうまく寝《ね》つけない時は、大學《だいがく》も、すっぽりと千代の胸《むね》に抱《だ》かれて、こたつにあたりました。

「千代さんも、大変だねえ」……に始まるおとなたちの話。世間《せけん》のあれやこれやのうわさ話をきいているうちに、ぬくぬくと体が温まっていきます。そんな時、とろとろと半分眠《ねむ》りの世界へ引きずりこまれながら、大學の心は、なぜだか決まって、切なさでいっぱいになっていきました。

そして、自分でも理由のつかない切なさが、小さな胸に雪のように積《つ》もって、積もって、

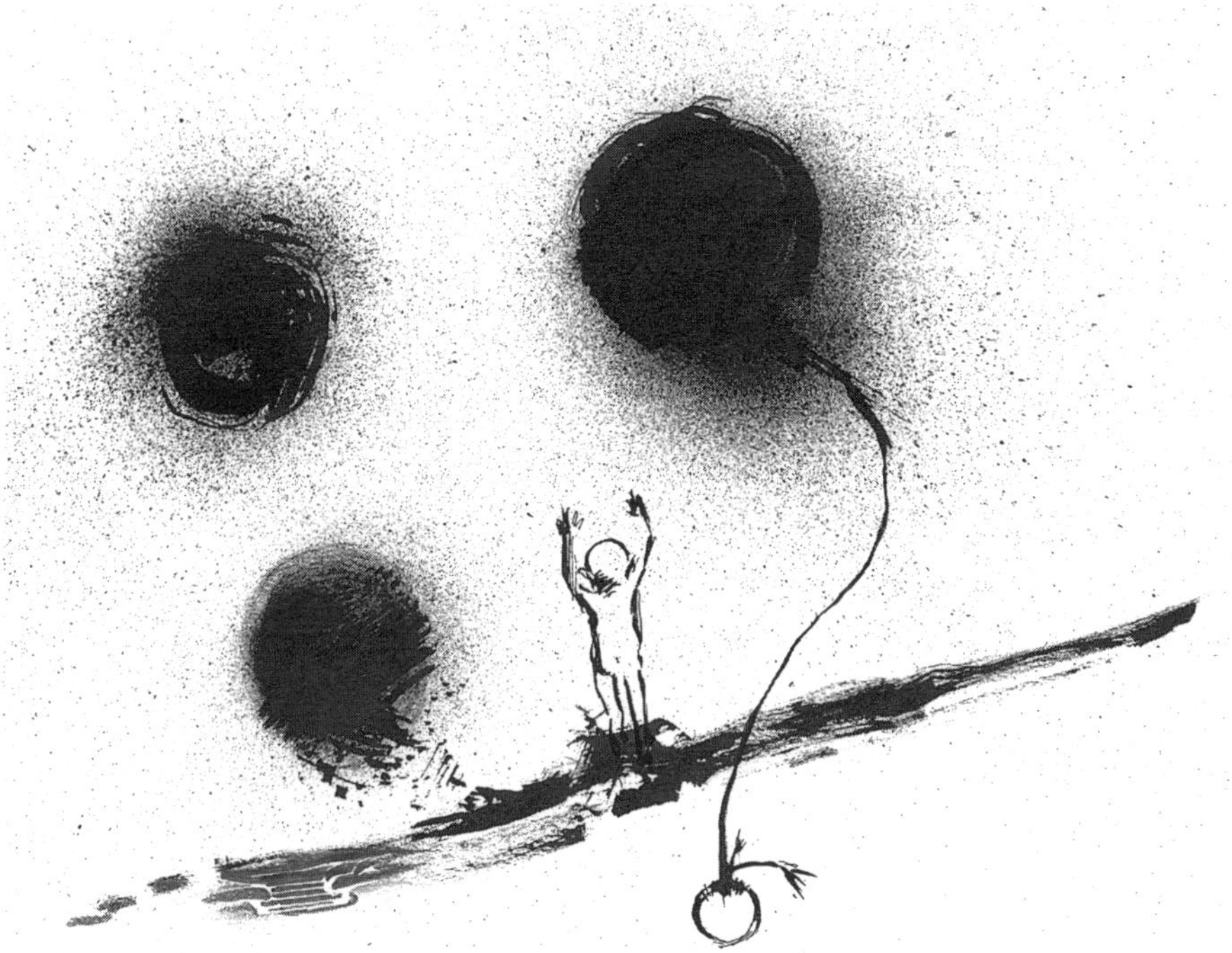

こらえきれなくなると、大學《だいがく》は、千代に抱《だ》かれたまま、静《しず》かに泣《な》きました。

初《はじ》めは、おとなたちに気づかれないようにそっと始まるすすり泣き。でも……。

「おや、大學、どうしたの？」

声をかけられると、もう、おさえることができません。大學は、しゃくりあげながら、千代の胸《むね》に顔をうずめるのでした。

なぜ悲《かな》しくなったのか、どうして泣《な》いてしまったのか。おとなたちに説明《せつめい》することなどできません。

「……歯《は》が痛《いた》い」

おさない大學のつぶやく言い訳《わけ》は、いつ

も同じでした。

千代たちの話す世間話《せけんばなし》の中に、何かあわれなことがあったのかもしれません。ふいに母が恋《こい》しくなったのかもしれません。あまり覚《おぼ》えてもいない、遠い国にいる父を、ふと思ったのかもしれません。それとも、戸《と》の外に降《ふ》り積《つ》もる雪の音をきいたのでしょうか。

大學《だいがく》の、繊細《せんさい》な感受性《かんじゅせい》は、小さな胸からあふれ出して、千代の胸元をぬらしました。

奇遇《きぐう》

そんな感じやすい心を持つおさな子は、学校に通うようになると、作文が得意《とくい》で、本の好《す》きな少年へと成長《せいちょう》していきます。

そして、父が朝鮮《ちょうせん》、中国、オランダと、任地《にんち》を移《うつ》り、ベルギーの女性《じょせい》と再婚《さいこん》、ヨーロッパの生活を続けているうちに、大學は、新潟《にいがた》県立長岡中学の卒業《そつぎょう》を迎《むか》えようとしていました。

そんなある日、大學に、海外の父から手紙がきました。東京の第一高等学校を受験《じゅけん》するように、という進路《しんろ》の指示《しじ》です。さっそく千代、大學、花枝《はなえ》の三人は、長岡の家をたたんで上《じょう》京《きょう》しました。でも、中学で、勉強よりも文学に明け暮《く》れていた大學《だいがく》が、一高にすんなりと合《ごう》格《かく》するはずがありません。入試《にゅうし》に失敗《しっぱい》。そして七月には、孫《まご》二人を育ててくれた祖母《そぼ》千代が他界《たかい》してしまいます。

ある時、長岡へ帰る用件《ようけん》ができた大學は、汽車《きしゃ》を待つ間、上野駅前の本屋に入りました。そして、ふと目に止まったのが「スバル」という文芸雑誌《ぶんげいざっし》。ぱらりとめくった巻頭《かんとう》ページには、吉井勇《よしいいさむ》の一連《いちれん》の恋愛歌《れんあいか》「夏のおもひで」が載《の》っていました。

……なんて、なんてぼくに合っているんだろう。こんな世界があった。ぼくの夢《ゆめ》そのものだ。作りたい。ぼくも短歌《たんか》を作りたい。長岡へ帰る汽車の中で、大學はくり返し吉井勇の歌を読み、「スバル」巻末《かんまつ》にある「新詩社《しんししゃ》」の名を心に留《と》めました。

九月になると、大學は、短歌を作っては、郵便《ゆうびん》で新詩社に送り、主催者《しゅさいしゃ》である与謝野寛《よさのひろし》、晶子夫妻《あきこふさい》の指導《しどう》を受けました。寛の朱筆《しゅひつ》が加わった草稿《そうこう》が返却《へんきゃく》されてくるたびに、わくわくと封《ふう》を開きました。

そんなある日のことです。寛が返却した草稿の端《はし》に、

《一度、あそびにきてごらんなさい》

という言葉が書かれていたのです。わくわくを通り越《こ》して、まるで天に昇《のぼ》るような気持ちで、神田駿河台《かんだするがだい》ニコライ堂《どう》の崖下《がけした》にある新詩社《しんししゃ》へ向かいました。十七歳の冬のことです。緊張《きんちょう》して、なんと挨拶《あいさつ》したらいいのかもわからないでいる大學《だいがく》に、与謝野寛《よさのひろし》が話しかけてきました。

「堀口《ほりぐち》くんといいましたね。故郷《こきょう》はどこですか？」

「はい、新潟《にいがた》県長岡です」

「ほうっ。では同じ長岡の旧藩士《きゅうはんし》で、堀口九萬一《ほりぐちくまいち》という人を知っていますか？」

「は、はい。私の父です」

「えっ？　そうだったのですか。堀口さんとは、朝鮮《ちょうせん》で生活を共にしていたのですよ」

長い年月、遠い存在《そんざい》だった父が、とつぜん、身近《みぢか》に感じられた一瞬《いっしゅん》でした。

こうして、寛、晶子《あきこ》という文学上の両親と、同じ時期《じき》に新詩社に参加した佐藤春夫《さとうはるお》という親友を得《え》て、堀口大學の詩歌《しいか》への道は、もう迷《まよ》いのないものとなったのです。

十九世紀のフランスを代表する画家《がか》

ロートレック

――夢《ゆめ》と情熱《じょうねつ》をカンバスに

父と子

南フランス・アルビの町を、激《はげ》しい雨と雷《かみなり》がおそった夜、アンリは、ロートレック伯爵《はくしゃく》の長男《ちょうなん》として生まれました。そして、ル・ボスクの城館《じょうかん》で、周囲《しゅうい》のあふれるような愛情《あいじょう》を一身《いっしん》に受け、幼年《ようねん》時代をすごしたのです。

いつも楽しそうな笑《わら》い声をあげ、「かわいい宝石《プチ・ビジュー》」と呼《よ》ばれていたアンリにも、五歳《さい》になる頃《ころ》には、一つ、おさない不満《ふまん》がありました。

アンリ・ド・トゥルーズ・ロートレック

（1864～1901）

画家

11月24日、南フランス・アルビで生まれる。1872年パリ移住《いじゅう》。フォンターヌ学院《がくいん》入学。1875年病気のため退学《たいがく》。1878年5月、滞在《たいざい》先のアルビで転倒《てんとう》、左足を骨折《こっせつ》する。1879年8月療養地《りょうようち》バレージュで右足骨折。以後《いご》両足の発育《はついく》が止まる。1881年画家になることを決意。

1882年レオン・ボナの画塾《がじゅく》に入る。1885年モンマルトルにアトリエを借《か》りる。1886年ゴッホと親交《しんこう》。1888年ブリュッセルで作品を初出品《はつしゅつぴん》。パリを描《えが》いた絵画《かいが》・ポスターを多作する。1898年健康状態《けんこうじょうたい》悪化する。

1899年3ヵ月間入院。1901年9月9日永眠《えいみん》。36歳《さい》。

「ぼくも、早く、お父さまといっしょに、馬に乗りたいな」

当時、父伯爵《はくしゃく》の毎日は、乗馬《じょうば》と狩猟《しゅりょう》に明け暮《く》れていました。時折《ときおり》、城館《じょうかん》に戻《もど》ってきては、

「お前と馬を並《なら》べて、遠乗《とおの》りができたらなあ。おい、早く大きくなれよ」

そういって、アンリの頭を、軽くさわるのです。アンリは、そのたびに、父を見上げ、はずむ声で答えました。

「もう乗れるよ」

「まだまだだよ。馬は、大きいんだぞ」

父が、また、どこかへ狩《か》りに行ってしまうと、アンリは、馬小屋へ行き、あきることなく、馬をながめました。胸《むね》がわくわくとしました。

「もう乗れるよ」

「まだまだだ。もう少し大きくなったらな」

この、父と子の会話は、一、二年たつと、次第《しだい》に、微妙《びみょう》に変化していきました。

「もう乗れるよ」

「まだだ。もう少し、お前の体が丈夫《じょうぶ》になったらな」

学校に入る年齢《ねんれい》になっても、病弱なアンリは、通学が許《ゆる》されず、いつも城館《じょうかん》の中で、母とすごしていたのです。

アンリが八歳の時、伯爵《はくしゃく》は、パリの高級ホテルへ生活を移《うつ》しました。そして、アンリをフォンターヌ学院《がくいん》に通《かよ》わせる一方で、休日には、競馬場《けいばじょう》やブローニュの森へ連《つ》れだしました。早く健康《けんこう》になってほしいという、父としての思いからでした。

そんなある日、伯爵は、友人である画家《がか》、ルネ・プランストーのアトリエへ、アンリを連れていきました。

「わあっ！」

アトリエへ、一歩足をふみいれたとたん、アンリはさけび声をあげました。部屋いっぱいに、馬の絵があふれていたからです。

プランストーは、耳の不自由な、動物画家でした。どのデッサン帳《ちょう》、どのカンバスの中でも、彼の描《えが》く動物たちは、生き生きと動いていました。走り、跳《と》びはねていました。

絵って、こんなふうに、表現《ひょうげん》できるんだ。……アンリは、プランストーの世界に夢中《むちゅう》になりました。

そして、しばらくアトリエに通《かよ》ううちに、アンリは、自分でもデッサンを始めました。すると……。プランストーは、この、友人の息子《むすこ》の描《えが》きだすものに、目を見はりました。アンリ・ロートレックの才能《さいのう》を、発見したのです。アンリのデッサン帳《ちょう》は、馬、犬、騎手《きしゅ》、馬車……、そうしたもので埋《う》められました。敬愛《けいあい》するプランストーと同様、アンリの描く人も動物も、生命力にあふれ、躍動《やくどう》していました。

二度の悲劇《ひげき》

一方で、アンリの体は、やはり学校生活を続けるには、無理がありました。わずか三年で退学《たいがく》すると、母と湯治場《とうじば》へ行き、やがて、ふたたびル・ボスクの城館《じょうかん》に戻《もど》ったのです。

それでも、やっとアンリは乗馬《じょうば》を許《ゆる》され、毎日、熱心《ねっしん》に調馬師《ちょうばし》と、散歩《さんぽ》にでかけました。

馬って、なんて、すてきなんだろう。早く、お父さまといっしょに、狩猟《しゅりょう》に行きたい。

それには、もっと体を丈夫《じょうぶ》にしなくては……。

でも、そんな夢《ゆめ》とは逆《ぎゃく》に、アンリの体は、いっこうに良くなりません。ついに、歩くのに杖《つえ》が必要《ひつよう》なほどになりました。そして、ある日、とつぜん、第一回目の悲劇《ひげき》がおきました。アルビに滞在《たいざい》中、椅子《いす》から立ちあがろうとしたとたん、よろけて倒《たお》れたのです。左大腿部骨折《だいたいぶこっせつ》。十三歳の春のことでした。

その後、骨折の回復《かいふく》があまりに遅《おそ》いので、母アデールは、不安でたまらず、アンリが松葉杖《まつばづえ》をついて歩けるようになると、また、湯治場《とうじば》めぐりを始めました。

「お母さま。そんな心配そうな顔をしないで下さい。ぼく、きっと治《なお》りますから」

アンリは母をなぐさめました。ところが…。

翌年の夏、母と療養地《りょうようち》バレージュの小道を散歩《さんぽ》中、アンリは、ふと足を踏《ふ》みはずし、小さな溝《みぞ》に落ちました。そして、右大腿部骨折《だいたいぶこっせつ》。

母が、悲鳴《ひめい》をあげ、助けを求《もと》めに病院へと走るのを見送りながら、アンリは、じっと痛《いた》みをこらえていました。涙《なみだ》はこぼしません。うめき声もあげません。ただ黙《だま》って、自分に与《あた》え

られた運命を、溝《みぞ》の中にすわったまま、受けとめていました。

もう、だめだ。ぼくの足は治《なお》らない。

アンリの予感は当たりました。この時からアンリの足は成長《せいちょう》を止《と》めたのです。

しばらくして、アンリは、本格的《ほんかくてき》に、絵の道に進む決心をしました。パリで再会《さいかい》したプランストーは、あたたかいいたわりをこめてアンリを自分の世界へ迎《むか》えいれました。

この時から、三十六歳で早すぎる死《し》を迎《むか》えるまでの間、アンリ・ロートレックは、多くのすばらしい芸術《げいじゅつ》を、世《よ》に送りだしました。

あの夏の日、二回目の悲劇《ひげき》がおこった溝の中で、涙《なみだ》とともに胸《むね》の奥底にとじこめた、少年の夢《ゆめ》と情熱《じょうねつ》が、すべて、カンバスの上にあふれ出ていたのかもしれません。

第4章

尊敬《そんけい》する人からのはげまし

ペレ

ベートーベン

栃錦《とちにしき》

ラフマニノフ

数々の記録《きろく》を持つサッカーの王者

ペレ

――初《はじ》めて海を見た日の希望《きぼう》を胸《むね》に

ペレ

（1940〜）

サッカー選手

ブラジル、トレス・コラソンエスに生まれる。本名《ほんみょう》エドソン・アランテス・ド・ナシメント。父もサッカー選手。

15歳《さい》サントス・フットボールクラブと契約《けいやく》、プロとなる。16歳ブラジル代表。

17歳ワールドカップ初《はつ》出場、チーム初優勝《ゆうしょう》。21歳チリW杯《はい》優勝。29歳メキシコW杯優勝。30歳1000得点《とくてん》目。国際試合《こくさいじあい》からの引退表明《いんたいひょうめい》。34歳アメリカのニューヨーク・コスモスと契約。36歳引退。

その後は、ブラジル、国連《こくれん》、ユニセフの活動を広めるため、大使《たいし》として活躍《かつやく》。

初《はじ》めての海

「さあ、着いた。サントスだ」

父、ドンジーニョの声に、少年ペレの胸《むね》はきゅうにどきどきと音をたて始めました。

故郷《こきょう》から三百キロをバスに揺《ゆ》られて、いよいよ、自分の運命が決まるかもしれない町に着いたのです。

一九五六年七月二十三日。十五歳《さい》の夏。ペレは、ここサントスにある、有力サッカーチームのサントス・フットボールクラブの入団《にゅうだん》テストを受けにきたところでした。

父は、ペレが生まれたトレス・コラソンエスの地元のサッカーチームの選手でした。二、三歳の頃から、父がプレーをするグラウンドのすみを遊《あそ》び場にしてきたペレです。六歳の頃《ころ》には、テニスボールを、はだしでリフティングするのが、一番好《す》きな遊びでした。貧《まず》しくてサッカーボールが買えなくても、ぼろ布《ぬの》をつめたくつ下をけって、遊んでいました。

そして、少年チームのバッキーニョでは、サンパウロのチームとの試合《しあい》で、一人で七得点《とくてん》をあげたこともありました。

そんなペレが、いま、とうとうプロのサッカー選手になれるかどうかの、テストを受ける日がきたのです。

「ふうっ」

バスをおりて、大きく深呼吸《しんこきゅう》する息子《むすこ》を、父が見つめ、微笑《ほほえ》みました。

「おまえなら、大丈夫《だいじょうぶ》だ」

「ねえ、父さん。ぼく、父さんよりも有名な選手になれるかな」

十五歳の息子《むすこ》の不安な気持ちは、誰《だれ》よりも父がわかっていました。

「おまえはおまえなんだよ。私と比《くら》べたって、意味がない。まず、自分を磨《みが》くんだ。おまえなら、やれる。高い目標を持つのは、それからだ」

厳《きび》しく聞こえる言葉の中に、父の愛《あい》情《じょう》がいっぱいつまっているのが、わかりました。

ペレは、照《て》れくさそうにうなずくと、別のことを言いました。

「父さん、ぼく、グラウンドへ行く前に、海を見たいんだ」

「よし、行こう」

親子は、海岸《かいがん》へ行きました。サントスは、コーヒー豆《まめ》の積《つ》みだしでにぎわっている港町《みなとまち》。内陸《ないりく》の小さな町で育ったペレは、この日初《はじ》めて海を見たのです。

広い広い海。きらめく水。打《う》ちよせる波《なみ》。潮《しお》の香《かお》り。……ペレは、胸《むね》をふくらませて、大海原《おおうなばら》を見まわしました。

ぼくの歩きだす道も、海と同じだ。広くてきらきら輝《かがや》いていて、そして、なんて、いい気持ちなんだ！　世界中につながっている！

ペレは、思いきり、光と潮の香りを胸《むね》

に入れると、しゃがんで、海水をすくい、口に入れました。そしてすぐに、ぺっとはき出しました。

「うーっ、しょっぱい。父さん、海の水がしょっぱいって、本当なんだね」

父と子のおかしそうな笑《わら》い声が、サントスの海岸《かいがん》にひびきました。

ワールドカップ

海に寄《よ》ったことで、ペレの緊張《きんちょう》は、すっかりとけていました。試合《しあい》形式で行なわれたテストで、ペレは十分に力を発揮《はっき》できたのです。

サントス・フットボールクラブは、迷《まよ》わずに、十五歳の少年と契約《けいやく》を結《むす》びました。

プロサッカー選手〝ペレ〟の誕生《たんじょう》です。

それからのペレの活躍《かつやく》は、サッカーファンなら、もう、誰《だれ》もが知っています。

プロになって一ヵ月でチームのレギュラーになりました。州《しゅう》の得点王《とくてんおう》にもなりました。十六歳で、ブラジル代表になりました。

そして、いよいよワールドカップです。一九五八年、スウェーデンで行なわれたW杯《はい》。その準々決勝《じゅんじゅんけっしょう》ウェールズ戦《せん》で、ペレは、記念《きねん》すべき、ワールドカップ初得点《はつとくてん》をあげました。

後々《のちのち》、ペレは、世界中で何百回となく同じ質問《しつもん》を受けることになるのですが、そのたびに、いつも同じことを答えました。

「あなたの輝《かがや》かしいサッカー人生の中で、もっとも印象《いんしょう》に残《のこ》っているのは、いつですか？」

「一九五八年に、初《はじ》めてワールドカップに出て、最初《さいしょ》に得点をあげた時です」

その時、ペレは十七歳と一三九日でした。ブラジルチームは、ペレのこの得点を守り、一対〇で勝《か》ち、準決勝に進みます。そして、続く準決勝フランス戦で、なんとペレは、ハットトリック（一試合《しあい》に一人で三点以上得点すること）をやってのけるのです。

そして、開催地《かいさいち》スウェーデンとの決勝戦。ペレは、後々伝説《でんせつ》となった幻想的《げんそうてき》なゴールを生みだし、ブラジルを初優勝《はつゆうしょう》に導《みちび》きました。

W杯初出場の十七歳の少年は、大会が終わった時には、世界中に知られる存在《そんざい》となっていました。

その後、ペレは、一九七〇年のメキシコ大会まで、四回W杯《はい》に出場し、そのうち三回、優《ゆう》勝《しょう》しています。一九六六年のイングランド大会では、相手チームの反則《はんそく》まがいのタックルが激《はげ》しさを増《ま》し、ペレは足を痛《いた》め、チームは敗退《はいたい》したのです。でも、ワールドカップで三回の優勝を経験《けいけん》した選手は、ペレ以外《いがい》には未《いま》だ、現《あら》われていません。

また、一二八三とも伝えられる生涯《しょうがい》通算得点《とくてん》も、もちろん不滅《ふめつ》のものです。

「はだしのサッカー」を意味する「ペレーダ」、から出たといわれる愛称《あいしょう》を持つペレ。引退《いんたい》した今でも、彼は、まちがいなく、世界のサッカー王〝キング・ペレ〟なのです。

「運命」を作曲した天才音楽家

ベートーベン

——耳の病《やまい》の中で、心に鳴《な》りひびいた感動を

ため息《いき》

窓《まど》からさしこむ朝の光がまぶしくて、十四歳《さい》のルードヴィヒ・ヴァン・ベートーベンは、目を覚《さ》ましました。そして、一瞬《いっしゅん》、ここはどこだろう、と考えました。

たった今まで、ルードヴィヒは、小鳥の声と小川のせせらぎを聞きながら、森の小道《こみち》を歩いていたのです。木《こ》もれ日《び》が、ちらちらと踊《おど》っていました。気持ちの良い風がそっとふいて、ルードヴィヒは、幸福《こうふく》で、幸福でたまらず、思わず、くすっと笑《わら》って……。

ルードヴィヒ・ヴァン・ベートーベン

（1770～1827）

作曲家

12月16日ドイツのボンで生まれる。祖父《そふ》、父は共に宮廷《きゅうてい》音楽家。14歳《さい》宮廷オルガン奏者《そうしゃ》となる。17歳ウィーン旅行。モーツァルトに会う。母マリア死去《しきょ》。22歳ウィーンへ。ハイドンに師事《しじ》。父死去。30歳『第一交《こう》響曲《きょうきょく》』完成《かんせい》。このころより聴力《ちょうりょく》おとろえ始める。

32歳ピアノソナタ『月光《げっこう》』作曲。34歳『第三交響曲』（英雄《えいゆう》）完成《かんせい》。38歳『第五交響曲』（運命）、『第六交響曲』（田園《でんえん》）を発表。42歳ゲーテに会う。54歳『第九交響曲』初演奏会《はつえんそうかい》。56歳肝硬変発病《かんこうへんはつびょう》。3月26日永眠《えいみん》。ウィーン市あげての葬儀《そうぎ》となる。

あ、夢《ゆめ》だったのか。

まだ夢の世界の微笑《ほほえ》みが残《のこ》っている顔で、部屋を見回したルードヴィヒの目が、反対側《がわ》の壁《かべ》の下で止まりました。

父さん。きのうも、また飲《の》んできたんだ。

ごうごうと、大きないびきをかいて、父のヨハンがソファーの上で眠《ねむ》っていました。お酒《さけ》のにおいが、ぷんとしました。

ルードヴィヒは、いそいで窓《まど》を開けて朝の空気を入れながら、思わずため息《いき》をついていました。……森の小道の空気と、なんてちがうんだ。いびきと小鳥の声も、ちがいすぎる。

でも、次の瞬間《しゅんかん》、いいことを思い出しました。そうだ。きょうは、ネーフェ先生に、レッスンを受ける日だっ。元気を出そう。

いつまでも寝《ね》ている父をのぞいて、母と二人の弟と一緒《いっしょ》に朝ごはんを食べると、ルードヴィヒは、仕事《しごと》にでかけていきました。

仕事……。ルードヴィヒは、このボンの町で、何軒《なんけん》かの金持ちの家の子どもたちに、ピアノを教えていたのです。他にも、教会のオルガン奏者《そうしゃ》、劇場《げきじょう》のチェンバロ奏者、宮廷《きゅうてい》の第二オルガン奏者として働《はたら》いていました。どれも、ネーフェ先生の紹介《しょうかい》です。

まだ十四歳でしたが、最近《さいきん》では、ルードヴィヒの収入《しゅうにゅう》が家を支《ささ》えていたのです。

父ヨハンは、宮廷付《つき》テノール歌手。その父に、六歳の時からピアノとバイオリンを教《おそ》わり、十歳で父の技術《ぎじゅつ》を超《こ》えると、宮廷のオルガン奏者C・G・ネーフェ先生のもとに通《かよ》い始めたルードヴィヒでした。

ネーフェ先生は、ピアノの演奏《えんそう》だけではなく、作曲も教えてくれました。すぐにその面白《おもしろ》さにのめりこんだルードヴィヒが、初《はじ》めての曲を完成《かんせい》し、先生から、

「おめでとう。いい曲だ。きみには、豊《ゆた》かな才能《さいのう》がある」

と、ほめられたのは、十二歳の時。あの時の誇《ほこ》らしさは、今でもはっきりと覚《おぼ》えています。

でも……。いくら、ぼくに音楽の才能があったって、家でぼくを待っているのは……。

大酒《おおざけ》飲《の》みで、宮廷《きゅうてい》の給料《きゅうりょう》を全部飲んで使ってしまう父さん。身体《からだ》の弱い母さん。世話のかかる二人の弟たち。上の弟のニコラウスは、先週、お腹《なか》がすいてパンを盗《ぬす》んできた。ああ、

そうだ。家賃《やちん》もたまっているんだっけ。

ネーフェ先生

朝、一度は元気になったのに、夕方ネーフェ先生の家に向《む》かう頃《ころ》には、ルードヴィヒの心は、また重く沈《しず》んでいました。

ドアを開けたとたん、ネーフェ先生が、そんなルードヴィヒを、ちらりと見ました。

先生は肩《かた》に両手をのせて、やさしくルードヴィヒの顔をのぞきこみました。

「ルードヴィヒ、そんなに辛《つら》いのか

い？」

「えっ？」

「自分は、世界中で一番不幸《ふこう》だ、っていう顔をしているぞ」

「あっ……。ごめんなさい」

「いいんだ。そうだ、きょうはレッスンをやめて、散歩《さんぽ》にいこう」

ネーフェ先生は、ルードヴィヒをつれて、夕暮《ゆうぐ》れの町を歩きはじめました。

「たぶん、きみは今、お父さんやお母さんや弟たち、それに、お金のことも、全部ひとりでしょいこんで、それにつぶされそうな気がしているんだろう。

ちがうかい？」

ああ、先生には、わかっているんだ。

「ほら、まわりを見てごらん。みんな平気な顔をしているけれど、世《よ》の中には、人の数だけ、それぞれの辛《つら》さ、悲《かな》しさがあるんだよ。きみの今の辛さも、その一つなんだ」

「……」

「辛さだけにとらわれていてはいけない。心が他のすばらしいことに気づかなくなるから。心は、もっと広く、広く、開けておくんだよ」

「心を開けておく？」

「そうさ。多くの美《うつく》しいものに気づき、感動《かんどう》するためにね。その感動を、できるだけたくさん心にためこむんだ。そして、いつか、きみは、そのためこんだ感動を、自分の才能《さいのう》に注《そそ》ぎこむんだ。つまりね、ルードヴィヒ」

「はい」

「将来《しょうらい》、きみが作りだすはずの多くの美しい音楽を、今からきみの中で育てるんだ。美しいものを見なさい。たくさん感動しなさい。心をとじてはいけないよ、ルードヴィヒ」

先生の言葉が、完全《かんぜん》にわかったわけではありません。でも、街角《まちかど》で先生に別《わか》れたルードヴィヒは、さっきまでより、ずっと軽くなった心で（もう、辛《つら》いことを、より辛く考えるのはよそう）と思っていました。

ふっと、今朝《けさ》の夢《ゆめ》を思い出しました。

そうだ。いつか、あの美《うつく》しい森の風景《ふうけい》を音楽にしよう。ぼくの大好《だいす》きな、小鳥の声と小川のせせらぎを、オーケストラで奏《かな》でてみよう……。

後年《こうねん》、ルードヴィヒ・ヴァン・ベートーベンは、不自由になっていく聴力《ちょうりょく》の中で、第六交響曲《こうきょうきょく》「田園《でんえん》」を書きあげます。

相撲界《すもうかい》に大きな功績《こうせき》を残《のこ》した名力士《めいりきし》

栃錦《とちにしき》（春日野清隆《かすがのきよたか》）

――友だちの声援《せいえん》が大きな力に

栃錦（とちにしき）
（1925～1990）
大相撲力士《おおずもうりきし》

東京都に生まれる。本名大塚清《おおつかきよし》。

1938年春日野《かすがの》部屋入門。1944年夏場所新十両《りょう》、栃錦清隆《とちにしききよたか》と改名《かいめい》。1947年夏場所新入幕《まく》。1952年秋場所、関脇《せきわけ》で初優勝《はつゆうしょう》。大関昇進《おおぜきしょうしん》。1954年秋場所後、第44代横綱《よこづな》。1959年初の全勝優勝。年寄春日野襲名《としよりかすがのしゅうめい》。1960年夏場所3日目引退《いんたい》。幕内在位《まくうちざいい》52場所、優勝10回、連勝記録24。第45代横綱若乃花と「栃若《とちわか》時代」を築《きず》いた。

1974年理事長就任《しゅうにん》。1985年1月新国技館落成式《しんこくぎかんらくせいしき》。

1988年相撲博物館《すもうはくぶつかん》館長代理就任。1990年1月9日永眠《えいみん》。

小学生・清《きよし》

「いってきま～すっ！」

六年生の清（後の栃錦《とちにしき》）は、このごろ学校へ行くのが楽しくてしかたがありません。

つい先日行なわれた江戸川《えどがわ》区《く》の秋の連合《れんごう》運動会で、大活躍《だいかつやく》をしたばかりなのです。走り幅《はば》とび、走り高とび、三段《だん》とび、ボール・スローの四種目に学校代表として出場し、三段とびでは九メートル二十九センチの記録《きろく》で優勝《ゆうしょう》。そのおかげで、清たちの小学校は男子の部で総合優勝《そうごう》できました。

今、清《きよし》は学校中の英雄《えいゆう》です。毎日、みんなが、まぶしそうに清の大きな体を見上げてくるのが、うれしいやら、恥《は》ずかしいやら。

そんなわけで、今朝《けさ》も、はりきって家を飛《と》びだそうとした、その時です。

「あっ、清っ、ちょっと待って」

母のしずが、部屋から走りでてきました。

「わかってるって。帰ってきたら、ちゃんと子守《こも》り、するよ」

弟や妹たちのめんどうをみるのは、清の役目《やくめ》。背中《せなか》に赤ん坊《ぼう》をおぶって、野球《やきゅう》をするのなんて、なんでもない清なのです。

「ちがうんだよ。問屋《とんや》へ、傘《かさ》、届《とど》けてくれないかい。きょうの昼まで、っていわれてるんだけど、父さん、きゅうにおなかが痛《いた》くなって……」

清の父夏五郎《なつごろう》は、蛇ノ目傘《じゃのめがさ》作りの職人《しょくにん》でした。昨夜《さくや》は遅《おそ》くまで、久《ひさ》しぶりにあった注文の傘を作っていたのを、清も知っていました。問屋《とんや》までは、土手《どて》の上を荷《に》を積《つ》んだリヤカーを引きながら歩くので、片道《かたみち》一時間半はかかります。

……父さん、はりきりすぎたんだな。こりゃあ、おれが行くしかないか。

「うん、わかった。おれ、いってくる」

清《きよし》は、あっさりうなずくと、かばんを置《お》いて、リヤカーの用意にとりかかりました。

あっ、きょうは体操《たいそう》があるんだ。一番好《す》きな授業《じゅぎょう》なんだけどな。……まあ、いいや。学校なんて、来年の卒業式《そつぎょうしき》までは、いつでも行けるんだ。

ところが、そうもいかない事情《じじょう》がおきてしまったのです。家業《かぎょう》の蛇《じゃ》ノ目傘製造《めがさせいぞう》は、この数年、こうもり傘の普及《ふきゅう》に押《お》されて、どんどん収入《しゅうにゅう》が減《へ》っていました。そして、子どもが八人もいるので、どんなに母がやりくりをしても、生活は苦しくなる一方。

とうとう正月がすぎて、三学期が始まると同時に、清は、近くの工場へ働《はたら》きにいくことになってしまいました。もう、一日も、学校へ行くことができなくなったのです。

……うん、いいや。勉強、好きじゃなかったしな。かせぎにいくほうが、おれらしいや。でもなあ……。卒業したかったな、おれ。

どんなに体は大きくても、まだ十二歳《さい》の清《きよし》の胸《むね》の中に、ほんの少し、風が吹《ふ》きました。

新弟子《しんでし》・大塚《おおつか》

「やあ、大塚、元気にしているか?」

春のある日、玄関《げんかん》になつかしい声がしました。とび出していくと、担任《たんにん》だった石井先生が、にこにこ笑《わら》って立っています。

「大塚、卒業《そつぎょう》おめでとう」

「えっ?」

「卒業証書《しょうしょ》、もってきたぞ」

「おれ……、卒業できるの?」

「もちろんさ。大塚はみんなの大事な仲間《なかま》だ」

「先生……、ありがとう」

石井先生は、清《きよし》に卒業証書《そつぎょうしょうしょ》を渡《わた》すと、改《あらた》めて片手《かたて》をさしだし、清の手をとりました。

「がんばれよ、大塚《おおつか》」

もう先生よりも大きなてのひらで、ぎゅっと握《にぎ》りかえしながら、清は、黙《だま》ってこくっとうなずきました。きゅうに胸《むね》がいっぱいになって、声が出なかったのです。

……うん、先生。おれ、がんばるよ。

こうして、中学に進学《しんがく》せず、友だちより一足《ひとあし》早く、家の働《はたら》き手となった清に、翌年の夏、次の大きな転機《てんき》が訪《おとず》れました。世話をしてくれる人がいて、相撲《すもう》の春日野《かすがの》部屋に入門することになったのです。

小学校ではとびぬけて大きかった清も、相撲部屋では、か細い子どもです。必死《ひっし》になって体重を増《ふ》やし、年の暮《く》れにやっと新弟子検査《しんでしけんさ》に合格《ごうかく》しました。十三歳の力士《りきし》の誕生《たんじょう》です。

そして翌年一月の春場所が、力士「大塚」の初土俵《はつどひょう》となりました。はりきって初日《しょにち》を迎《むか》えたものの、ひとりだけ子どもの体格《たいかく》です。なかなか勝《か》てないまま、中日《なかび》の八日目。

「大塚《おおつか》ァ」

と、行司《ぎょうじ》に名前を呼《よ》ばれたその時、とつぜん、どこからか大声がきこえました。

「大塚ッ、大塚ッ」

誰《だれ》だろう。わからないけど、おれを声援《せいえん》してくれている人がいる。ようしっ。……清《きよし》は相手の胸《むね》もとに突進《とっしん》しました。そして……。

勝《か》ったっ！　おれは、勝てたっ！

清は、大歓声《だいかんせい》のあがる、はるか四階席《せき》を見上げました。そこには、石井先生と、学級の仲《なか》間《ま》が数人、立ちあがって拍手《はくしゅ》をしていたのです。

先生、みんなっ。ありがとう。おれ、勝てたよ。ちゃんと相撲《すもう》とりになれそうだよ。

清は、晴《は》れ晴《ば》れとした顔で、四階席に向《む》かって、片手《かたて》をあげてみせました。

この時から二十一年間、現役《げんえき》力士として相撲界を支《ささ》えつづけた名横綱栃錦《めいよこづなとちにしき》。引退後《いんたいご》は、相撲協会の名理事長として、両国《りょうごく》の新国技館《しんこくぎかん》を発案《はつあん》し、完成《かんせい》させた春日野《かすがの》親方。名実《めいじつ》ともに、相撲史《し》に残《のこ》る力士として生涯《しょうがい》を送った、大塚清《おおつかきよし》、栃錦《とちにしき》の初白星《はつしろぼし》の瞬間《しゅんかん》でした。

ロマンあふれるロシアの作曲家、ピアニスト

ラフマニノフ

──「先生、ぼくは作曲をしなければならないのです」

ルジェイン横町

モスクワ、ルジェイン横町。

セルゲイ・ラフマニノフ、通称《つうしょう》セリョージャが、モスクワ音楽院《おんがくいん》のピアノ教師《きょうし》ニコライ・ズベレフのレンガ造《づく》りの家に越《こ》してきたのは、十二歳《さい》の秋のことでした。

同い年のリョーリャ・マクシモフ、モーチャ・プレスマンと共に、ズベレフの内弟子《うちでし》として、この家からモスクワ音楽院に通《かよ》うことになったのです。本格的《ほんかくてき》なピアノ修業《しゅぎょう》、きびし

セルゲイ・ワシーリエヴィチ・ラフマニノフ

（1873〜1943）

作曲家・ピアニスト

3月20日ロシアで生まれる。1885年モスクワでズベレフに師事《しじ》。モスクワ音楽院に学ぶ。

1887年作曲を始める。1889年ズベレフ家を出る。

1894年ジプシー綺想曲《きそうきょく》作曲。1897年交響曲《こうきょうきょく》第1番発表。1900〜1901年ピアノ協奏曲《きょうそうきょく》第2番作曲。1908年交響曲第2番初演《しょえん》。

1918年アメリカへ移住《いじゅう》。演奏《えんそう》活動開始。

1926年再び作曲に着手《ちゃくしゅ》。ピアノ協奏曲第4番作曲。

1943年3月28日ビヴァリーヒルズにて永眠《えいみん》。

いズベレフの指導《しどう》の始まりでした。

「気が入っていない！　なにを弾《ひ》いているんだっ！」

練習は毎朝六時から。まだ頭と体に残《のこ》っている眠気《ねむけ》と戦《たたか》いながらピアノに向《む》かっていると、ズベレフのどなり声がとんできます。

「は、はいっ」

そこで初《はじ》めてハッとして、本当に目が覚《さ》めるのです。

ある日、セリョージャは、四時間を超《こ》えて弾《ひ》きつづけさせられました。肩《かた》がけいれんをおこし、指はもう鉛《なまり》のようです。

もう、だめだ。椅子《いす》からころげ落ちそうだ……。セリョージャがそう思った時、となりの書斎《しょさい》からズベレフが姿《すがた》を現《あら》わしました。

「音がにぶっているぞ。疲《つか》れたのか？　ふん、だらしがない」

「指が……、動きません。先生、あと、いったいどれだけ弾けばいいんですか？」

今にも泣《な》きそうになって訴《うった》えるセリョージャを、ズベレフが、じろりと見ました。そして、

「一生だ」
一言《ひとこと》答え、また書斎《しょさい》へ戻《もど》っていったのです。
毎日、毎日続く、きびしいレッスン。でも三人の少年たちは、みんな、ズベレフ先生が大好きでした。心から尊敬《そんけい》していました。
なぜなら少年たちには、ズベレフが自分たちに、真の音楽を伝《つた》えようとしているのが、わかるからです。そして、レッスンをしていない時のズベレフの目が、あたたかさにあふれていることを知っているからなのです。

休日、ズベレフは、少年たちを、モスクワ中の劇場《げきじょう》やコンサートへつれていきました。そして、自宅《じたく》にたびたびチャイコフスキーやルビンシティンといった有名な芸術家《げいじゅつか》を招《まね》きました。それらはすべて、きびしいレッスンと同様、少年たちの才能《さいのう》を豊《ゆた》かに育てるための、はからいでした。

師《し》と弟子《でし》

こうして四年がたちました。その間、セリョージャは、音楽院《おんがくいん》の高等部《こうとうぶ》に進み、ピアノの他に、作曲を学び始めていました。

そして、作曲の面白《おもしろ》さにのめりこんでいったセリョージャは、和声学《わせいがく》の試験《しけん》で、チャイコフスキーに最高点《さいこうてん》をもらうほどの才能《さいのう》を示《しめ》したのです。

ズベレフには、それが気に入りません。優《すぐ》れたピアニストである愛弟子《まなでし》が、ピアノ以外《いがい》のことに心をうばわれていくのが辛《つら》いのです。

セリョージャにも、そんなズベレフの気持ちがわかりました。そして、ここまで自分を導《みちび》いてくれたズベレフへの恩《おん》も、十分にわかっていました。ですから、セリョージャは、胸《むね》の中にあふれてくる旋律《せんりつ》を、ズベレフ家のピアノで弾《ひ》くことができません。小声で口ずさみ、五線紙《せんし》に書きこむだけにしていました。

でも、寝室《しんしつ》で、新しい旋律に心を集中しようとしていると、リョーリャとモーチャの話し声、笑《わら》い声が気になります。ひとりになろうと、静《しず》かな公園へいくと、つい時間を忘《わす》れ、ピアノのレッスンに遅《おく》れてしまいます。

……ひとりになりたい。個室《こしつ》がほしい。ひとりで使えるピアノがほしい。時間がほしい。自由に作曲がしたい！

胸《むね》の中の思いは、ふくらんで、ふくらんで、十六歳のセリョージャを苦しめました。

ある秋の朝、とうとうセリョージャは、自分をおさえることができなくなりました。青ざめた顔で、食卓《しょくたく》から立ったズベレフの後を追《お》いました。

「なんの用かね？」

ふりむいたズベレフにも、セリョージャの願《ねが》いは、もうわかっていました。

「先生、ぼくは作曲をしなければならないのです。ひとりの部屋と、ぼくだけのピアノが必《ひっ》要《よう》なんです。認《みと》めて下さい」

ズベレフの顔が、苦しそうにゆがみました。そして、一瞬《いっしゅん》の静寂《せいじゃく》の後、大声が居間《いま》にひびきわたりました。

「出ていけっ！」

ズベレフは、そのまま、授業《じゅぎょう》へと出かけていき、その日から、徹底的《てっていてき》に、セリョージャを無視《むし》しつづけました。ズベレフの怒《いか》りは、そのまま、セリョージャへの愛情《あいじょう》と、自分の苦しみの大きさを表《あら》わしていたのです。

やがて、セリョージャはズベレフ家を出ると、下宿《げしゅく》を探し、ピアノを借《か》りました。

それから三年後。セリョージャは作曲科《か》を輝《かがや》かしい成績《せいせき》で卒業《そつぎょう》し、大金メダルを授与《じゅよ》されました。その日、受賞《じゅしょう》の会場で、祝福《しゅくふく》にわきかえる人々の間をかきわけて、セリョージャに歩《あゆ》みよったのは……、ズベレフでした。

「セリョージャ。もう昔のことは忘《わす》れた。わたしは……、おまえがとても自慢《じまん》だよ」

「先生……」

次の瞬間《しゅんかん》、師《し》と弟子《でし》は、共にあふれる涙《なみだ》の中、しっかりと抱《だ》きあっていました。

「私の中にある最高《さいこう》のものは、みな、ズベレフ先生のおかげです」

これは、セルゲイ・ラフマニノフが生涯《しょうがい》にわたって、いい続けた言葉です。

第5章

失敗《しっぱい》やまわり道があっても

ゴッホ

宮沢賢治《みやざわけんじ》

ジャイアント馬場《ばば》

光《ひかり》輝《かがや》くひまわりの絵《え》を描《えが》いた天才画家《がか》

ゴッホ

――一途《いちず》さのあまり、不器用《ぶきよう》な生涯《しょうがい》を

ヴィンセント・ヴァン・ゴッホ

(1853〜1890)

画家

オランダ、フロート・ズンデルト村に生まれる。父は牧師《ぼくし》。16歳《さい》から画商《がしょう》の店に約7年間勤《つと》める。25歳ベルギーのボリナージュで説教《せっきょう》活動開始。27歳画家への第一歩をふみだす。33歳パリに腰《こし》をすえ、画家修業《しゅぎょう》。ロートレック、ピサロ、ゴーギャン、ベルナールらと交友。

35歳フランスのアルルで生活。ゴーギャンとの共同生活は2ヵ月で破《やぶ》れる。36歳サン・レミの病院に入院。37歳オーヴェール・シュル・オワーズに住む。7月29日ピストルによる負傷《ふしょう》がもとで死亡《しぼう》(自殺《じさつ》か事故《じこ》かは不明)。

炭鉱町《たんこうまち》の牧師《ぼくし》

来てしまった。とうとう来てしまった……。

ヴィンセント・ヴァン・ゴッホは、貧《まず》しい炭鉱町を見わたしながら、心の中でつぶやいていました。

ここは、ベルギーのボリナージュ。ヴィンセントは、二十五歳《さい》です。

おさない頃《ころ》から、父と同じように牧師になりたいと望《のぞ》んでいたこと。

でも父から、おまえは人とつきあうのが苦手《にがて》だから牧師にはむかないといわれ、十六歳で画商《がしょう》の店に勤《つと》めることになったこと。すぐれた絵画《かいが》に心ひかれ、本物を見分ける力がつけばつくほど、客《きゃく》のためを思って口にすることが、店の売り上げの邪魔《じゃま》になると怒《おこ》られ、首になったこと。

やはり牧師《ぼくし》になろうと、ロンドンの牧師の寄宿学校《きしゅく》に、仕事もする条件《じょうけん》で住《す》みこみで学びに入ったけれど、貧《まず》しい生徒の月謝《げっしゃ》の取りたて、という仕事がどうしてもできずに、学校から追《お》いだされてしまったこと。

ブリュッセルの伝道《でんどう》学校の行なう試験《しけん》にも失敗《しっぱい》し、もう資格《しかく》なんていらない、すぐにでも貧しい人々の役に立ちたい、と思いつめ、とうとうこの町に来てしまったこと……。

ヴィンセントは、回り道をした過去《かこ》を忘《わす》れようとするように、ぶるんと頭をふると、新しい生活にとびこんでいきました。質素《しっそ》な下宿《げしゅく》に住み、子どもたちの家庭教師をしながら、町で人々を集め、聖書《せいしょ》の話をしました。

ぶっきらぼうで、飾《かざ》った言葉づかいはできないけれど、いつも一所懸命《いっしょけんめい》で誠実《せいじつ》な心のヴィンセントに、町の人々も、次第《しだい》に打ちとけていきました。

「ゴッホさんって、やさしい人なんだね」

「うん。ずけずけいわれると、ちょっとこわいけど、でも、信用《しんよう》できる人だよ」

「説教《せっきょう》もわかりやすいし、いい牧師《ぼくし》さんだ」

ヴィンセントの評判《ひょうばん》は、いつのまにか、ブリュッセルの伝道《でんどう》学校にまで届《とど》きました。すると、教会本部では、ヴィンセントに正式な伝道師《し》としての資格《しかく》を許可《きょか》したのです。

「やったぞ。これで、もっと本格的《ほんかくてき》に教えを説《と》くことができる」

ふっと、ヴィンセントの胸《むね》に、少年時代、父の牧師館《かん》で見た、ぶ厚《あつ》い聖書《せいしょ》が浮《う》かびました。父が何十年も使いこみ、へりがすり切れ、果《は》たしてきた役割《やくわり》の重さが、ずしりと伝わってくるような聖書。

わたしも、いつか、あんな聖書を持つにふさわしい牧師《ぼくし》になりたい……。

回り道をして

ヴィンセントは、それまで以上に、心から誠実《せいじつ》に、牧師として人々に向《む》かいました。子どもたちに勉強を教え、病人を看病《かんびょう》し、貧《まず》しい人には自分の服やくつや食べ物や毛布《もうふ》を与《あた》えました。

そして、はだしで、上着《うわぎ》も着ないで神の教えを説《と》いてまわりました。

唯一《ゆいいつ》、ヴィンセントが自分のために使った時間は、スケッチをすることでした。以前、画《が》商《しょう》の店に勤《つと》めていた頃《ころ》、ヴィンセントの中に芽生《めば》えた、絵《え》を描《えが》くことへの興味《きょうみ》が、この貧《まず》しい炭鉱町《たんこうまち》で、急激《きゅうげき》にふくらんだのです。

町の風景《ふうけい》や、働《はたら》く人々をスケッチしていると、それだけで、とても幸《しあわ》せになりました。

そんなある日、炭鉱でガス爆発《ばくはつ》がおこりました。ヴィンセントは、もちろん、人々の中に入って、けが人《にん》の手当てをしました。働くことのできなくなった人のために、生活費《ひ》の募金《ぼきん》を集めてまわりました。

しかしそのことは、彼が「鉱夫のストライキの先頭に立っている」と疑《うたが》っていた教会本部との対立を生みました。

ヴィンセントは弁明《べんめい》する機会《きかい》もなく、牧師の資格《しかく》を取りあげられ、もう、どこでも伝道《でんどう》をすることを禁《きん》じられてしまいました。

こんなことがあっていいのか。……傷《しょう》心《しん》のまま、ヴィンセントは、自分が描《か》いたスケッチだけをかかえ、ボリナージュをあとにしました。そして、しばらくすると、小さな村にひっそりと下宿《げしゅく》をしました。これから、どう生きていけばいいのか、わかりません。ただ、毎日、絵を描いていました。

ある日、そんなヴィンセントのもとに、

四歳下の弟、テオが訪《たず》ねてきました。テオは、かつてヴィンセントが勤《つと》めていた画商《がしょう》の店で働《はたら》いているのです。兄を心配してやってきたテオは、貧《まず》しい部屋にちらばっている、何枚《なんまい》もの絵を見て、思わずさけびました。

「兄さん！　これ、兄さんが描《か》いたの？　兄さんには絵の才能《さいのう》がある。ぼくには、わかるよ。すごい才能だ。画家になるべきだよ」

「だめだよ。こんなに回り道をしてからでは」

「回り道？　それが何なのさ。今からだ

って遅《おそ》くないよ。それに、回り道をした分、兄《にい》さんの描《か》く絵には、本物の深さが感じられる」

ヴィンセントの心が動きました。でも、まだ、踏《ふ》みきれないでいます。

「テオ、わたしは、牧師《ぼくし》の仕事を……」

「兄さん。芸術《げいじゅつ》は、神様の仕事を美《うつく》しく表わすことだよ。自然《しぜん》の美しさや、人間の姿《すがた》を描くのは、すばらしい、気高《けだか》い仕事だよ」

ヴィンセントは、はっとテオを見ました。

「ね、兄さん。ぼくは、兄さんが一人前の画家になるまで、絵を描くための材料代《ざいりょうだい》と生活費《ひ》を送るよ。そうさせてくれよ」

「……ありがとう、テオ」

ヴィンセントは、素直《すなお》に、弟の愛情《あいじょう》を受けることにしました。画家、ヴィンセント・ヴァン・ゴッホの出発です。

そして数年後、父が亡《な》くなった時、ヴィンセントは、いろいろな思いをこめて、父が使いこんだ厚《あつ》い聖書《せいしょ》の絵《え》を描《えが》いたのです。

心に響《ひび》く童話《どうわ》を書いた〝土の詩人《しじん》〟

宮沢賢治《みやざわけんじ》

――妹《いもうと》トシの病床《びょうしょう》で読んだ童話

宮沢賢治（みやざわ・けんじ）

（1896〜1933）

詩人・童話作家・宗教家《しゅうきょうか》・農業研究者

8月27日岩手《いわて》県花巻《はなまき》町（現・花巻市）に生まれる。家《か》業《ぎょう》は古着屋《ふるぎや》兼質屋《けんしちや》。1913年清養院《せいよういん》に下宿《げしゅく》。仏教《ぶっきょう》に親しむ。1918年盛岡《もりおか》高等農林学校（現・岩手大学農学部）卒《そつ》業《ぎょう》。童話を書きはじめる。1921年稗貫《ひえぬき》農学校（現・花巻農業高等学校）教諭《きょうゆ》となる。1922年妹トシ永眠《えいみん》。

1924年詩集『春と修羅《しゅら》』自費出版《じひしゅっぱん》。童話集『注文の多い料理店』刊行《かんこう》。1926年退職《たいしょく》。下根子《しもねご》の家で自活自営の生活に入る。1928年過労《かろう》のため肺炎《はいえん》となる。1931年花巻に帰り病床《びょうしょう》につく。「雨ニモマケズ」を書く。

病気一進一退。1933年9月21日永眠《えいみん》。

ランプの中の虫

「賢治《けんじ》さん。トシが病気だそうです。一緒《いっしょ》に看病《かんびょう》にいってくれますか？」

「トシが病気？　もちろん、いきます」

母と共に東京行きの列車《れっしゃ》に乗ったのは、宮沢賢治が二十二歳《さい》の冬、十二月のことでした。

兄弟中で一番仲《なか》が良《よ》く、賢治の気持ちをなんでもわかってくれる二歳下の妹トシは、東京の女子大に通《かよ》っていたのです。

「トシ、待ってろよ。すぐ、いくからな」

車中《しゃちゅう》、トシを心の中ではげまし続けていた賢治《けんじ》が、ふとあることに気づいたのは、列車《れっしゃ》が目的地に近づいた頃《ころ》でした。

母さんは、もしかしたら、少しの間でも、ぼくを父さんから離《はな》すために、声をかけてくれたのかもしれない……。

その年、高等農林学校《こうとうのうりん》を卒業《そつぎょう》。研究科《か》に残《のこ》り、地質調査《ちしつちょうさ》の研究をしながら、家業《かぎょう》を手伝《てつだ》わされていた賢治でした。祖父《そふ》の代から、質屋《しちや》と古着屋《ふるぎや》をいとなんでいる、町では指折《ゆびお》りの資産家《しさんか》。長男として、賢治がその家業《かぎょう》を継《つ》ぐのが当然《とうぜん》と思っている父と、商売が身《み》に合わず、かといって一生の仕事をまだみつけられずにいる賢治。その父との不和《ふわ》の中で、賢治の心は追《お》いつめられていたのです。

「ありがとう、母さん……」

こっくりこっくりと、列車の揺《ゆ》れに合わせてうたた寝《ね》をしている母の顔に、賢治はそっとつぶやきました。

入院していたトシの病気は、肺浸潤《はいしんじゅん》と診断《しんだん》されました。病院の近くに宿《やど》をとり、母と賢《けん》治《じ》は、毎日看病《かんびょう》に通《かよ》いました。高熱《こうねつ》のために赤い顔で眠《ねむ》りつづけているトシを見ながら、賢治は二人がまだおさなかった頃《ころ》のことを、思い出していました。

あれは、いくつの時だったでしょうか。ランプのほや（火をおおうガラス製《せい》のつつ）を地面に立て、その中で虫を飼《か》っていたことがありました。ある日、

「お兄ちゃん、虫が……」

泣《な》き顔のトシについて裏庭《うらにわ》へいくと、一つのほやの中で、ばったが一匹《いっぴき》、死《し》んでいたのです。胸《むね》がずきんとしました。

ぼくが、この虫を閉じこめて、殺《ころ》してしまった。ごめんね、ごめんね、ばった……。

ほかのランプのほやを持ちあげ、中の虫を全部草むらに放《はな》してやりながら、賢治は、どんな小さな虫にもある、命《いのち》の尊《とうと》さを、ぎりぎりと感じていました。全てのものに命がある。自分の命が大切なように、誰《だれ》の命も、虫の命だって、大切なんだ。

「虫さん、お家《うち》に帰っていく。うれしいのね」

喜《よろこ》んでさけんだおさないトシの声が、きゅうに、ベッドのかたわらにいる賢治《けんじ》の耳に、よみがえりました。

……トシ。ぼくは、この年になっても、まだ、帰る家がみつからないんだ。あの時の虫のように、ぴょんぴょんとうれしくとびはねて帰っていく草むらが。

挽歌《ばんか》

正月がすぎ、トシの熱《ねつ》がひとまず下がると、母は花巻《はなまき》に帰っていきました。

「トシのことは大丈夫《だいじょうぶ》。ぼくが世話

をするから」

どんな世話も、賢治《けんじ》にとっては、家《か》業《ぎょう》の店先に座《すわ》っているよりは、ずっとましでした。

「ねえ、トシ。ぼくの作った話、きいてくれるか？」

「お話を？　兄さんが？　ええ、もちろん」

長い病院の午後。たいくつしのぎに、賢治は、去年から書きはじめた物語の原稿《げんこう》をとり出して、静《しず》かな声で読んできかせました。

それは、自然の中で人間と動物が自

由に言葉を交《か》わし、みんな仲良《なかよ》く暮《く》らしていけたらどんなにいいか、という賢治《けんじ》の心の中の世界を、物語にしたものでした。きき終えると、

「兄さん、すてきな童話《どうわ》だわ」

トシは、にっこりと笑《わら》いました。賢治の文学の才能《さいのう》を誰よりも早く見抜《みぬ》いたのは、この時のトシだったのかもしれません。

「本当かい？」

「ええ、本当よ。もっと、もっとたくさん書いて。そして、全部、私にきかせて」

やっぱり、トシは、わかってくれる。父さんだったら、きっと、そんなもの書くひまがあったら商売を覚《おぼ》えろ、というに決まっているのに。うん。書きつづけよう。何があっても。

……賢治の中に、ぽっと、一つ、小さな明《あ》かりが灯《とも》りました。

一月後《ひとつきご》、賢治は回復《かいふく》したトシをつれて、帰郷《ききょう》。また父との不和《ふわ》の日々が再開《さいかい》されました。

そして二年後、とうとう賢治は家を出て、ひとり上京《じょうきょう》したのです。

小さな出版社《しゅっぱんしゃ》の下請《したう》けで、鉄筆《てっぴつ》で字を書く仕事をしながら、賢治は、たくさんの詩《し》や短《たん》

歌《か》を作り、童話《どうわ》を書きました。

あらゆる生命《せいめい》へのやさしさが賢治《けんじ》の中からあふれ出て、いろいろな形の文学として原稿《げんこう》用紙をうめていきました。

もしかしたら、ぼくは、帰る草むらをみつけられるかもしれない。そう思うと、生活の苦労も、気になりませんでした。

賢治のそんな貧《まず》しいけれど充実《じゅうじつ》していた生活を打《う》ち切ったのは、故郷《こきょう》からの電報《でんぽう》でした。

「トシビョウキ　スグカエレ」

トランクいっぱいに原稿《げんこう》をつめて、賢治は列車《れっしゃ》にとび乗りました。そして、熱で目をうるませている妹のそばで、東京で書きためてきた童話を、一作一作読んできかせたのです。

翌年、トシの死《し》の直後《ちょくご》に書きあげた詩、「永訣《えいけつ》の朝」は、ある意味で宮沢賢治の最高《さいこう》の文学といえるのかもしれません。

次のページに宮沢賢治の代表作の一つ「雨ニモマケズ」を紹介します。

雨ニモマケズ
風ニモマケズ
雪ニモ夏ノ暑《あつ》サニモマケヌ
丈夫《じょうぶ》ナカラダヲモチ
欲《よく》ハナク
決シテ瞋《いか》ラズ
イツモシズカニワラッテイル
一日ニ玄米《げんまい》四合《ごう》ト
味噌《みそ》ト少シノ野菜ヲタベ
アラユルコトヲ
ジブンヲカンジョウニ入レズニ
ヨクミキキシワカリ
ソシテワスレズ
野原ノ松《まつ》ノ林ノ蔭《かげ》ノ
小サナ萱《かや》ブキノ小屋ニイテ

東ニ病気ノコドモアレバ
行ッテ看病《かんびょう》シテヤリ
西ニツカレタ母アレバ
行ッテソノ稲《いね》ノ束《たば》ヲ負《お》イ
南ニ死ニソウナ人アレバ
行ッテコワガラナクテモイイトイイ
北ニケンカヤソショウガアレバ
ツマラナイカラヤメロトイイ
ヒデリノトキハナミダヲナガシ
サムサノナツハオロオロアルキ
ミンナニデクノボートヨバレ
ホメラレモセズ
クニモサレズ
ソウイウモノニ
ワタシハナリタイ

（原典《げんてん》は正漢字・旧《きゅう》カナ遣《づか》い）

日本プロレス界《かい》の巨人《きょじん》

ジャイアント馬場《ばば》

——大きな足を、苦労《くろう》の種《たね》から味方《みかた》に変えて

ジャイアント馬場（じゃいあんと・ばば）

（1938〜1999）

プロレスラー

新潟県三条市《にいがたけんさんじょうし》西四日町で生まれる。本名馬場正平《ばばしょうへい》。高校を２年で中退《ちゅうたい》。

プロ野球読売《やきゅうよみうり》ジャイアンツ入団《にゅうだん》。22歳《さい》プロ野球を断念《だんねん》。『日本プロレス』に力道山《りきどうざん》を訪《たず》ね入門。アメリカで修業《しゅぎょう》中だった25歳のとき、師《し》・力道山死去《しきょ》。

34歳独立《どくりつ》して『全日本プロレス』設立《せつりつ》。35歳でＰＷＦヘビー級、36歳でＮＷＡ世界ヘビー級チャンピオン。

55歳5000試合《しあい》出場達成《たっせい》。60歳還暦《かんれき》記念試合。生涯《しょうがい》現役《げんえき》を宣言《せんげん》。61歳永眠《えいみん》。国内通算5758試合、海外を含《ふく》めると約7000試合の大記録。

オーバーシューズ

ギイッ、ギイッ。

リヤカーの音が、まだ夜明《よあ》け前の町を、そっと通っていきます。

「正平《しょうへい》だな。ほんとに、あの子は、いい子だなあ。ミツさんも助かるよ」

町の人たちは、ふとんの中でうとうとしながら、耳になじんだ音を聞いていました。

それは、中学生の正平（後のジャイアント馬場《ばば》）が、リヤカーいっぱいに野菜《やさい》や果物《くだもの》を積《つ》ん

で、朝市《あさいち》へ運《はこ》んでいく音でした。父が身体《からだ》をこわし、兄が戦死《せんし》、母のミツを助けて働《はたら》ける男手《おとこで》は正平だけ。

小学五年生の時から、正平はこうして、リヤカーをひいて、あちこちの町の朝市まで片道《かたみち》五キロ、十キロの道を歩いていました。そして、朝市に荷《に》をおろすと、いそいで家に帰り、学校へ行くのです。

でも、そんなことは、正平には少しも辛《つら》くありませんでした。ちょっといやだな、と思うのは、正平の背《せ》の高さを、人びとがじろじろと見ること、そしてそれよりも辛いのは、大きな足にあう靴《くつ》がないこと。

小学五年生で一七五センチの身長になり、中学に入る頃《ころ》には十三文《もん》（約三十一センチ）もあった正平の足が入る靴は、町のどこの靴屋にも売っていなかったからです。

雨の日も、雪の日も、正平は、裸足《はだし》か下駄《げた》ですごしていました。下駄をはいても、もちろんかかとは、はみ出しているのです。

「寒《さむ》くないかい？　正平」

「うん、大丈夫《だいじょうぶ》だよ。じゃあ、いってくる」

その雪の日も、正平《しょうへい》は、下駄《げた》ばきで、注文《ちゅうもん》のあった野菜《やさい》を届《とど》けに、町はずれにあるモルモン教の教会へ行きました。

すると、思いがけないプレゼントが待っていました。

「これ、はいてみませんか？」

アメリカ人の牧師《ぼくし》さんが差《さ》しだしたのは、雨の日に靴《くつ》の上にすぽっと重ねてはく、ゴム製《せい》のオーバーシューズでした。

「これをぼくに？　ありがとう」

わくわくしながら足を入れてみると、

ちょうどぴったり。その日から、正平は、雪の日には、このオーバーシューズをはいて、学校へ通《かよ》えるようになりました。

そして、これが縁《えん》となって、時どき教会へ行くようになった正平《しょうへい》は、中学三年のクリスマスに雪のふる五十嵐川《いからしがわ》で、モルモン教の洗礼《せんれい》を受けたのです。

特製《とくせい》スパイク

翌年、高校へ進学《しんがく》した正平は、もう一度、靴《くつ》で辛《つら》い思いをすることになりました。それは……。

正平は、小学生の頃《ころ》から、野球《やきゅう》が大好

きでした。近所の神社の境内《けいだい》で、「三角ベース」という変則《へんそく》の野球《やきゅう》で遊《あそ》びました。ボールは石ころを布と糸で巻《ま》いたもの、バットは木の枝《えだ》です。それでも楽しくて楽しくて、ピッチャーで四番打者《だしゃ》の正平《しょうへい》は大活躍《だいかつやく》。町の少年野球団《だん》「若鮎《わかあゆ》クラブ」のエースでした。

好《す》きなプロ野球のチームは、巨人軍。五年生の時、「少年ジャイアンツの会」というファンクラブに入ったほどです。ですから、県立三条実業《さんじょうじつぎょう》高校に入った時も、夢《ゆめ》はもちろん甲《こう》子園《しえん》大会出場でした。ところが……。

正平は、野球部に入ることができませんでした。はけるスパイクシューズがないのです。子ども時代の三角ベースとはちがって、裸足《はだし》や下駄《げた》で甲子園を目指すわけにはいきません。

正平は、くやしさで胸《むね》をいっぱいにしながら野球部をあきらめ、美術部《びじゅつぶ》に入りました。絵をかくことは、野球の次に、正平が好きなことだったからです。

油絵《あぶらえ》の基礎《きそ》を教《おそ》わり、部屋で静《しず》かに絵をかく放課後《ほうかご》が続きました。そんなある日のこと。

コーン！　コーン！

窓《まど》の外から聞こえてきた音に、正平は、はっと顔を上げました。

「ああっ、やってるんだ」

それは、野球部《やきゅうぶ》の部員がバッティング練習をしている音でした。それまでは、野球を忘《わす》れようと校庭に背《せ》を向けていたのですが、一度、そのなつかしい音に気がついてしまうと、もうだめでした。

正平《しょうへい》は、絵をそっちのけで、窓辺《まどべ》にすわり、部員たちの練習を見つめました。

野球がやりたい。球《たま》を投げたい……。やがて、そんな正平の気持ちを知った野球部の監督《かんとく》が特製《とくせい》のスパイクを注文《ちゅうもん》してくれました。

「ありがとうございます！」

その時から、三条実業高校には、身長一九〇センチのエースが誕生《たんじょう》しました。地元の新聞が「巨漢馬場投手《きょかんばばとうしゅ》」と書きたて、練習試合では、一八奪三振《だつしん》の記録《きろく》を作りました。

甲子園《こうしえん》大会の県予選では、残念《ざんねん》ながら初戦《しょせん》で惜敗《せきはい》してしまいましたが、その数ヵ月後、東京から巨人軍《きょじんぐん》のスカウトが正平を訪《たず》ねてきました。そして、熱心《ねっしん》に誘《さそ》われた正平は、高校を二年で中退《ちゅうたい》、ついに、子ども時代から憧《あこが》れていた巨人軍の選手になったのです。

ところが六年後、巨人軍《きょじんぐん》より契約解除《けいやくかいじょ》された正平《しょうへい》は、テスト生として大洋ホエールズのキャンプに参加中《さんかちゅう》、風呂場《ふろば》で転倒《てんとう》、腕《うで》にけがをして、野球《やきゅう》選手の道を断《た》たれてしまいます。考えた末《すえ》、プロレス界《かい》の大スター力道山《りきどうざん》のもとに入門。そしてそれからの四十年近い長い年月、正平は日本を代表するプロレスラーとして活躍《かつやく》することになるのです。

もう、靴《くつ》で苦労《くろう》することはありませんでした。それどころか、二〇九センチの身長と共に、三十二センチの足は、プロレスラー、ジャイアント馬場《ばば》の大きな味方《みかた》となりました。

偉人《いじん》たちの〈あの日《ひ》　あの時《とき》〉
希望《きぼう》を胸《むね》に羽《は》ばたいた人々《ひとびと》

平成15年8月15日　初版発行

著　矢部美智代《やべみちよ》〈検印省略〉
絵　中釜浩一郎《なかがまこういちろう》〈検印省略〉

発行者　岸　重人
発行所　株式会社 日本教文社
東京都港区赤坂9−6−44　〒107−8674
電話　03 (3401) 9111（代表）
03 (3401) 9114（編集）

頒布所　財団法人 世界聖典普及協会
東京都港区赤坂9−6−33　〒107−8691
電話　03 (3403) 1501（代表）
振替　00110-7-120549

印刷・製本　株式会社 シナノ

NDC 280.8　152p　21.5 cm

ISBN4-531-04123-2　Printed in Japan

日本教文社刊

ジュニア　希望の祈り　毎日の進歩のために
谷口雅春著

小・中学生のための、ポケットサイズの祈りの本。「勉強を楽しくする祈り」「友だちをふやす祈り」「希望を実現する祈り」の３項目にわたり、いつでも無限の力を呼び出せる言葉がイッパイ！

820円

こどもの祈り
谷口雅春著　生長の家本部編

親子の聖経読誦や、お祈りの習慣が身につく。招神歌、大調和の神示、聖経『甘露の法雨（“神”の項）』、毎日のお祈り、一週間のお祈りなど。園児・小学生向。

（付録・お祈りカード）

800円

あったかいね
あべまりあ著

ありのままの素晴らしさ、人の心の温かさ、生きる歓びをユニークな文字とイラストで綴るオールカラーの本。読むたびに勇気付けられ、心がホッとして、思わず誰かにプレゼントしたくなる本。

1020円

偉人たちの〈あの日 あの時〉　夢をかなえた世界の人々
岡　信子著　山岡勝司絵

夢をかなえた世界の人々の、子ども時代のエピソードを中心とした19話。偉人たちが人生を決めた出会いや、夢を見つけそれをどう実現していったかを紹介。大切なことがいっぱい詰まった、楽しく読めるおすすめの一冊！

980円

偉人たちの〈あの日 あの時〉　愛で世界を照らした人々
鈴木洋子著　山岡勝司絵

心にひびく大きな愛で、世界を照らした19人の物語。苦しんでいる人の力になりたいという思いを行動にうつし、世界に愛の輪をひろげた偉人たちを紹介した、シリーズ第二弾！

980円

各定価（5%税込）は、平成15年8月1日現在のものです。品切れの際はご容赦ください。
小社のホームページ http://www.kyobunsha.co.jp/ では様々な書籍情報がご覧いただけます。